벙어리 삼룡이

나도향

뽕 / 젊은이의 시절 / 행랑 자식 / 옛날 꿈은 창백하더이다 /
십칠 원 오십 전 / 여이발사 / 자기를 찾기 전

SR&B(새로본닷컴)

신사임당의 〈수박도〉

〈베스트논술 한국대표문학(전60권)〉을 펴내며

어린 시절의 독서는 평생의 이성과 열정을 보장해 줄 에너지의 탱크를 채우는 일입니다. 인생의 지표를 세울 수 있는 가장 믿을 만한 방법이기도 합니다.

새로 접하는 사물의 이치를 터득하려면 그 정보를 대뇌 속에 담는 프로그램이 마련되어 있어야 합니다. 그 프로그램을 구축하는 가장 효과적인 방법이 지속적인 독서입니다. 독서는 책과 나의 쌍방향적인 대화이며 만남이며 스킨십입니다.

그러나 단순한 독서만으로는 생각하는 힘과 정확히 표현하는 힘을 키울 수 없습니다. 〈베스트 논술 한국대표문학〉은 이에 유의하여 다음과 같이 편찬하였습니다.

① 초 · 중 · 고 교과서에 실린 고전 및 현대 문학 작품부터 〈삼국유사〉, 〈난중일기〉, 〈목민심서〉 등 우리의 정신을 일깨워 주고 우리에게 지혜와 용기를 준 '위대한 한국 고전'에 이르기까지 한 권 한 권을 가려 뽑았습니다.

② 각 권의 내용과 특성을 분석하여, '작가와 작품 스터디', '논술 가이드' 등을 덧붙여 생각하는 힘, 표현하는 힘을 키울 수 있도록 각 분야의 권위 학자, 논술 전문가들이 심혈을 기울였습니다.

③ 특히 현대 문학 부문은 최근 학계에서, 이 때까지의 오류를 바로잡아 정확한 텍스트를 확정한 것을 반영하였고, 고전 부문은 쉽고 아름다운 현대 국어로 재현하였습니다.

④ 각 작품에 관련된 작가의 고향을 비롯한 작품의 배경, 작품의 참고 자료 등을 일일이 답사 촬영하거나 수집 · 정리하여 화보로 꾸몄고, 각 작품의 갈피 갈피마다 아름다운 그림을 넣어, 작품에 좀더 친근감 있게 접근할 수 있도록 하였습니다.

이 〈베스트 논술 한국대표문학〉이 여러분이 '큰 사람', '슬기로운 사람'이 되는 데 충실한 밑거름이 되기를 바랍니다.

〈베스트 논술 한국대표문학〉 편찬위원회

나도향

배재 고등 학교를 졸업한 나도향

안석형이 그린 나도향의 캐리커처

배재 고등 학교 내에 있는 나도향 기념비

배재 고등 학교 연혁비

배재 고보 재학 때의 나도향

나도향이 다녔던 배재 고등 학교 전경

배재 고등 학교 내
구 배재 학당(서관)

영화 〈벙어리 삼룡이〉의 한 장면

배재 고등 학교 내에 있는 부조

배재 고등 학교 내에 있는 부조

배재 고등 학교에 내에 있는 아펜젤러 상

차례

벙어리삼룡이

벙어리 삼룡이

1

내가 열 살이 될락말락 한 때이니까 지금으로부터 십사오 년 전 일이다. 지금은 그 곳을 청엽정이라 부르지마는 그 때는 연화봉이라고 이름하였다.

즉 남대문에서 바로 내려다보면은 오정포*가 놓여 있는 산등성이가 있으니, 그 산등성이 이 쪽이 연화봉이요, 그 새에 있는 동네가 역시 연화봉이다.

지금은 그 곳에 빈민굴이라고 할 수밖에 없이 지저분한 촌락이 생기고 노동자들밖에 살지 않는 곳이 되어 버렸으나 그 때에는 자기네 딴은 행세한다는 사람들이 있었다.

집이라고는 십여 호밖에 있지 않았고 그 곳에 사는 사람들은 대개 과

---

* 오정포(午正砲) 낮 열두 시를 알리는 대포.

목밭을 하고 또는 채소를 심거나, 그렇지 아니하면 콩나물을 길러서 생활을 하여 갔었다.

여기에 그 중 큰 과목밭을 갖고 그 중 여유 있는 생활을 하여 가는 사람이 하나 있었는데, 그의 이름은 잊어버렸으나 동네 사람들이 부르기를 오 생원이라고 불렀다.

얼굴이 동탕하고* 목소리가 마치 여름에 버드나무에 앉아서 길게 목 늘여 우는 매미 소리같이 저르렁저르렁 하였다.

그는 몹시 부지런한 중년 늙은이로 아침이면 새벽 일찍이 일어나서 앞뒤로 뒷짐을 지고 돌아다니며 집안일을 보살피는데, 그 동네에는 그가 마치 시계와 같아서 그가 일어나는 때가 동네 사람이 일어나는 때였다. 만일 그가 아침에 돌아다니며 잔소리를 하지 않으면 동네 사람들이 이상하여 그의 집으로 가 보면 그는 반드시 몸이 불편하여 누웠었다. 그러나 그와 같은 때는 일 년 삼백육십 일에 한 번 있기가 어려운 일이요, 이태나 삼 년에 한 번 있거나 말거나 하였다.

그가 이 곳으로 이사를 온 지는 얼마 되지 아니하나 그가 언제든지 감투를 쓰고 다니므로 동네 사람들은 양반이라고 불렀고, 또 그 사람도 동네 사람에게 그리 인심을 잃지 않으려고 섣달이면 북어쾌, 김톳씩 동네 사람에게 나눠 주며 농사 때에 쓰는 연장도 넉넉히 장만한 후 아무 때나 동네 사람들이 쓰게 하므로 그 동네에서는 가장 인심 후하고 존경을 받는 집인 동시에 세력 있는 집이다.

그 집에는 삼룡이라는 벙어리 하인 하나가 있으니 키가 본시 크지 못하여 땅딸보로 되었고 고개가 빼지 못하여 몸뚱이에 대강이*를 갖다가 붙인 것 같다. 거기다가 얼굴이 몹시 얽고 입이 몹시 크다. 머리는 전에 새꼬랑지 같은 것을 주인의 명령으로 깎기는 깎았으나 불밤송이 모양

* 동탕(動蕩)하다 얼굴이 두툼하고 잘생기다.
* 대강이 '머리'의 속된 말.

으로 언제든지 푸 하고 일어섰다. 그래서 걸어다니는 것을 보면, 마치 옴두꺼비*가 서서 다니는 것같이 숨차 보이고 더디어 보인다. 동네 사람들이 부르기를 삼룡이라고 부르는 법이 없고 언제든지 '벙어리', '벙어리'라고 하든지 그렇지 않으면 '앵모', '앵모',한다. 그렇지만 삼룡이는 그 소리를 알지 못한다.

그도 이 집 주인이 이리로 이사를 올 때에 데리고 왔으니 진실하고 충성스러우며 부지런하고 세차다. 눈치로만 지내 가는 벙어리지마는 듣는 사람보다 슬기로울 적이 있고 평생 조심성이 있어서 결코 실수한

---

* 옴두꺼비 두꺼비를 흉하게 일컬은 말. '옴'은 피부병.

적이 없다.

아침에 일어나면 마당을 쓸고 소와 돼지의 여물을 먹이며 여름이면 밭에 풀을 뽑고 나무를 실어 들이고 장작을 패며 겨울이면 눈을 쓸고 잔심부름이며 진일 마른일 할 것 없이 못하는 일이 없다.

그럴수록 이 집 주인은 벙어리를 위해 주며 사랑한다. 혹시 몸이 불편한 기색이 있으면 쉬게 해 주고, 먹고 싶어하는 듯한 것은 먹이고, 입을 때 입히고 잘 때 재운다.

그런데 이 집에는 삼대 독자로 내려오는 그 집 아들이 있다. 나이는 열일곱 살이나 아직 열네 살도 되어 보이지 않고 너무 귀엽게 기르기 때문에 누구에게든지 버릇이 없고 어리광을 부리며 사람에게나 짐승에게 잔인 포악한 짓을 많이 한다.

동네 사람들은,

"후레자식!"

"아비 속상하게 할 자식!"

"저런 자식은 없는 것만 못해."

하고 욕들을 한다. 그래서 그의 어머니는 아들이 잘못할 때마다 그의 영감을 보고,

"그 자식을 좀 때려 주구려. 왜 그런 것을 보고 가만두?"

하고 자기가 대신 때려 주려고 나서면,

"아뇨. 아직 철이 없어 그렇지. 저도 지각이 나면 그렇지 않을 것이 아뇨."

하고 너그럽게 타이른다. 그러면 마누라는 왜가리*처럼 소리를 지르며,

---

* 왜가리 백로과에 속하는 새로 다리와 부리가 길고 머리에서 뒷목에 이르기까지 검은 줄이 댕기를 이룸.

왜가리

"철이 없긴 지금 나이가 몇이오, 낼 모레면 스무 살이 되는데, 또 며칠 아니면 장가를 들어서 자식까지 날 것이 그래 가지고 무엇을 한단 말이오."

하고 들이대며,

"자식은 꼭 아버지가 버려 놓았습니다. 자식 귀여운 것만 알았지 버릇 가르칠 줄은 모르니까……."

이렇게 싸움이 시작만 하려 하면 영감은 아무 말도 하지 않고 바깥으로 나가 버린다.

그 아들은 더구나 이 벙어리를 사람으로 알지도 않는다. 말 못하는 벙어리라고 오고가며 주먹으로 허구리*를 지르기도 하고 발길로 엉덩이도 찬다.

그러면 그 벙어리는 어린것이 철없이 그러는 것이 도리어 귀엽기도 하고 또는 그 힘없는 팔과 힘없는 다리로 자기의 무쇠 같은 몸을 건드리는 것이 우습기도 하고 앙증하기도* 하여 돌아서서 빙그레 웃으면서 툭툭 털고 다른 곳으로 몸을 피해 버린다.

어떤 때는 낮잠 자는 벙어리 입에다가 똥을 먹인 때도 있었다. 또 어떤 때는 자는 벙어리 두 팔 두 다리를 살며시 동여매고 손가락과 발가락 사이에 화승불을 붙여 놓아 질겁을 하고 일어나다가 발버둥질을 하고 죽으려는 사람처럼 괴로워하는 것을 보고 기뻐하였다.

이러할 때마다 벙어리의 가슴에는 비분한 마음이 꽉 들어찼다. 그러나 그는 주인의 아들을 원망하는 것보다도 자기가 병신인 것을 원망하였으며 주인의 아들을 저주한다는 것보다 이 세상을 저주하였다.

그러나 그는 결코 눈물을 흘리지 않았다. 그의 눈물은 나오려 할 때 아주 말라붙어 버린 샘물과 같이 나오려하나 나오지를 아니하였다. 그

---

* **허구리** 허리 좌우의 갈비뼈 아래 잘록한 부분.
* **앙증하다** 작으면서도 깜찍하고 귀엽다.

는 주인의 집을 버릴 줄 모르는 개 모양으로 자기가 있어야 할 곳은 여기밖에 없고 자기가 믿을 곳도 여기 있는 사람들밖에 없는 줄 알았다. 여기서 살다가 여기서 죽는 것이 자기의 운명인 줄밖에 알지 못하였다. 자기의 주인 아들이 때리고 지르고 꼬집어 뜯고 모든 방법으로 학대할지라도 그것이 자기에게 으레 있을 줄밖에 알지 못하였다.

아픈 것도 그 아픈 것이 으레 자기에게 돌아올 것이요, 쓰린 것도 자기가 받지 않아서는 안 될 것으로 알았다. 그는 이 마땅히 자기가 받아야 할 것을 어떻게 해야 면할까 하는 생각을 한 번도 하여 본 일이 없었다.

그가 이 집에서 떠나가려 하거나 또는 그의 생활 환경에서 벗어나려는 생각은 한 번도 해 보지 못하였다 할지라도 그는 언제든지 그 주인 아들이 자기를 학대하고 또는 자기를 못살게 굴 때 그는 자기의 주먹과 또는 자기의 힘을 생각하여 보았다.

주인 아들이 자기를 때릴 때 그는 주인 아들 하나쯤은 넉넉히 제지할 힘이 있는 것을 알았다.

어떠한 때는 아픔과 쓰림이 자기의 몸으로 스며들 때면 그의 주먹은 떨리면서 어린 주인의 몸을 치려 하다가는 그는 그것을 무서운 고통과 함께 꽉 참았다.

그는 속으로,

'아니다. 그는 나의 주인의 아들이다. 그는 나의 어린 주인이다.'

하고 꾹 참았다.

그리고는 그것을 얼핏 잊어버렸다. 그러다가도 동네집 아이들과 혹시 장난을 하다가 주인 아들이 울고 들어올 때에는 그는 황소같이 날뛰면서 주인을 위하여 싸웠다. 그래서 동네에서도 어린애들이나 장난꾼들이 벙어리를 무서워하여 감히 덤비지를 못하였다. 그리고 주인 아들도 위급한 경우에는 언제든지 벙어리를 찾았다. 벙어리는 얻어맞으면서도 기어드는 충견 모양으로 주인의 아들을 위하여 싫어하지 않고 힘을 다하였다.

2

벙어리가 스물세 살이 될 때까지 그는 물론 이성과 접촉할 기회가 없었다. 동네의 처녀들이 저를 '벙어리', '벙어리' 하며 괴상한 손짓과 몸짓으로 놀려 먹음을 받을 적에 분하고 골나는 중에도 느긋한 즐거움을 느껴 본 일은 있었으나 그가 결코 사랑으로써 어떠한 여자를 대해 본 일은 없었다.

그러나 정욕을 가진 사람인 벙어리도 그의 피가 차디찰 리는 없었다. 혹 그의 피는 더욱 뜨거웠을는지도 알 수 없었다. 뜨겁다 뜨겁다 못하여 엉겨 버린 엿과 같을지도 알 수 없었다.

만일 그에게 볕을 주거나 다시 뜨거운 열을 준다면 그의 피는 다시 녹을는지도 알 수 없었다.

그가 깜박깜박하는 기름 등잔 아래에서 밤이 깊도록 짚세기*를 삼을 때면 남모르는 한숨을 아니 쉬는 것도 아니지마는 그는 그것을 곧 억제할 수 있을 만치 정욕에 대하여 벌써부터 단념을 하고 있었다.

마치 언제 폭발이 될는지 알지 못하는 휴화산 모양으로 그의 가슴 속에는 충분한 정열을 깊이 감추어 놓았으나 그것이 아직 폭발될 시기가 이르지 못한 것이었다. 비록 폭발이 되려고 무섭게 격동함을 벙어리 자신도 느끼지 않는 바는 아니지마는 그는 그것을 폭발시킬 조건을 얻기 어려웠으며 또는 자기가 여태까지 능동적으로 그것을 나타낼 수가 없을 만치 외계의 압축을 받았으며 그것으로 인한 이지*가 너무 그에게 자제력을 강대하게 하여 주는 동시에 또한 너무 그것을 단념만 하게 하

---

* 짚세기 '짚신'의 준말.
* 이지(理智) 이성과 지혜. 본능에 지배되지 않고 도리에 따라 생각하는 능력.

여 주었다.

　속으로, 나는 '벙어리'다, 자기가 생각할 때 그는 몹시 원통함을 느끼는 동시에 나는 말하는 사람들과 똑같은 자유와 똑같은 권리가 없는 줄 알았다. 그는 이와 같은 생각에서 언제든지 단념하지 않으려야 단념하지 않을 수 없는 그 단념이 쌓이고 쌓이어 지금에는 다만 한 개의 기계와 같이 이 집에 노예가 되어 있으면서도 그것을 자기의 천직으로 알고 있을 뿐이요, 다시는 자기가 살아갈 세상이 없는 것같이밖에 알지 못하게 된 것이다.

3

　그 해 가을이다. 주인의 아들이 장가를 들었다. 색시는 신랑보다 두 살 위인 열아홉 살이다. 주인이 본시 자기가 언제든지 문벌이 얕은 것을 한탄하여 신부를 구할 때에 첫째 조건이 문벌이 높아야 할 것이었다. 그러나 문벌 있는 집에서는 그리 쉽게 색시를 내놓을 리가 없었다. 그러므로 하는 수 없이 그 어떠한 영락한* 양반의 딸을 돈을 주고 사 오다시피 하였으니 무남 독녀 외딸을 둔 남촌 어떤 과부를 꿀을 발라서 약혼을 하고 혹시나 무슨 딴소리가 있을까 하여 부랴부랴 성례를 시켜 버렸다.

　혼인할 때의 비용도 그 때 돈으로 삼만 냥을 썼다. 그리고 아들의 처갓집에 며느리 뒤 보아 주는 바느질삯, 빨래삯이라는 명목으로 한 달에 이천오백 냥씩을 대어 주었다.

　신부는 자기 아버지가 돌아가기 전까지 상당히 견디기도 하고 또는 금지 옥엽같이 기른 터이라, 구식 가정에서 배울 것 읽힐 것은 못한 것이

---

* 영락(零落)하다　세력이나 살림이 줄어들어 보잘것 없이 되다.

없고 또는 본래 인물이라든지 행동거지에 조금도 구김이 있지 아니하다.

신부가 오자 신랑의 흠절*이 생기기 시작하였다.

"신부에게다 대면 두루미와 까마귀지."

"아직도 철딱서니가 없어."

"색시에게 쥐여 지내겠어."

"신랑에겐 과하지."

동네집 말 좋아하는 여편네들이 모여 앉으면 이렇게 비평들을 한다. 어떠한 남의 걱정 잘하는 마누라님은 간혹 신랑을 보고는 그대로 세워 놓고,

---

＊흠절(欠節) 부족하거나 잘못된 점.

"글쎄, 인제는 어른이 되었으니 셈이 좀 나요. 저러구 어떻게 색시를
거느려가누. 색시방에 들어가기가 부끄럽지 않담."
하고 들이대다시피 하는 일이 있다.

이럴 적마다 신랑의 마음은 그 말하는 이들이 미웠다. 일부러 자기를
부끄럽게 하려고 하는 것 같아서 그 후에 그를 만나면 말도 안 하고 인
사도 하지 아니한다.

또 그의 고모 되는 이가 와서 자기 조카를 보고,

"인제는 어른이야. 너도 그만하면 지각이 날 때가 되지 않았니. 네 처
가 부끄럽지 아니하냐?"
하고 타이를 적마다 그의 마음은 그 말하는 사람이 부끄럽다는 것보다
도 자기를 이렇게 하게 한 자기 아내가 더욱 밉살머리스러웠다.

"여편네가 다 무엇이냐? 저 빌어먹을 년이 들어오더니 나를 이렇게 못살게 굴지."

혼인한 지 며칠이 못 되어 그는 색시방에 들어가지를 않았다. 집안에서는 야단이 났다. 마치 돼지나 말새끼를 혼례시키려는 것같이 신랑을 색시방으로 집어 넣으려 하나 막무가내였다. 그럴 때마다 신랑은 손에 닥치는 대로 집어 때려서 자기의 외사촌 누이의 이마를 뚫어서 피까지 나게 한 일이 있었다.

집안 식구들은 하는 수가 없어 맨 나중으로 아버지에게 밀었다. 그러나 그것도 소용이 없을 뿐더러 풍파를 더 일으키게 하였다. 아버지께 꾸중을 듣고 들어와서는 다짜고짜로 신부의 머리채를 쥐어잡아 마루 한복판에 태질*을 쳤다. 그리고는,

"이년 네 집으로 가거라. 보기 싫다. 내 눈앞에는 보이지도 마라."

하였다. 밥상을 가져오면 그 밥상이 마당 한복판에서 재주를 넘고 옷을 가져오면 그 옷이 쓰레기통으로 나간다.

이리하여 색시는 시집오던 날부터 팔자 한탄을 하고서 날마다 밤마다 우는 사람이 되었다.

울면은 요사스럽다고 때린다. 또 말이 없으면 빙충맞다고* 친다. 이리하여 그 집에는 평화스러운 날이 하루도 없었다.

이것을 날마다 보는 사람 가운데 알 수 없는 의혹을 품게 된 사람이 하나 있으니 그는 곧 벙어리 삼룡이었다.

그렇게 어여쁘고 유순하고 그렇게 얌전한, 벙어리의 눈으로 보아서는 감히 손도 대지 못할 만치 선녀 같은 색시를 때리는 것은 자기의 생각으로는 도저히 풀 수 없는 의심이다.

보기에는 황홀하고 건드리기도 황송할 만치 숭고한 여자를 그렇게

---

* 태질 세게 메어치거나 내던지는 짓.
* 빙충맞다 똘똘하지 못하고 어리석고 수줍기만 하다.

학대한다는 것은 너무나 세상에 있지 못할 일이다. 자기는 주인 새서방에게 개나 돼지같이 얻어맞는다는 것이 마땅한 이상으로 마땅하지마는 선녀와 짐승의 차가 있는 색시와 자기가 똑같이 얻어맞는 것은 너무 무서운 일이다. 어린 주인이 천벌이나 받지 않을까 두렵기까지 하였다.

어떠한 달밤, 사면은 고요 적막하고 별들은 드문드문 눈들만 깜박이며 반달이 공중에 두렷이 달려 있어 수은으로 세상을 깨끗하게 닦아 낸 듯이 청명한데 삼룡이는 검둥개 등을 쓰다듬으며 바깥 마당 멍석 위에 비슷이 드러누워 하늘을 쳐다보며 생각하여 보았다.

주인 색시를 생각하면 공중에 있는 달보다도 더 곱고 별들보다도 더 깨끗하였다. 주인 색시를 생각하면 달이 보이고 별이 보이었다. 삼라만상을 씻어 내는 은빛보다도 더 흰 달이나 별의 광채보다도 그의 마음이 아름답고 부드러운 듯하였다. 마치 달이나 별이 땅에 떨어져 주인 새아씨가 된 것도 같고, 주인 새아씨가 하늘에 올라가면 달이 되고 별이 될 것 같았다.

더구나 자기를 어린 주인이 때리고 꼬집을 때 감히 입 벌려 말은 하지 못하나 측은하고 불쌍히 여기는 정이 그의 두 눈에 나타나는 것을 다시 생각할 때 그는 부들부들한 개 등을 어루만지면서 감격을 느끼었다. 개는 꼬리를 치며 자기를 귀여워하는 줄 알고 벙어리의 손을 핥았다.

삼룡이의 마음은 주인 아씨를 동정하는 마음으로 가득 찼다. 또는 그를 위하여서는 자기의 목숨이라도 아끼지 않겠다는 의분에 넘쳤다. 그것은 마치 살구를 보면 입 속에 침이 도는 것같이 본능적으로 느껴지는 감정이었다.

4

새댁이 온 뒤에 다른 사람들은 자유로운 안 출입을 금하였으나 벙어리는 마치 개가 맘대로 안에 출입할 수 있는 것같이 아무 의심 없이 출입할 수가 있었다.

하루는 어린 주인이 먹지 않던 술에 잔뜩 취하여 무지한 놈에게 맞아서 길에 자빠진 것을 업어다가 안으로 들여다 누인 일이 있었다. 그 때에 아무도 안에 있지 않고 다만 새색시 혼자 방에서 바느질을 하고 있다가 이 꼴을 보고 벙어리의 충성된 마음이 고마워서 그 후에 쓰던 비단 헝겊 조각으로 부시 쌈지* 하나를 하여 준 일이 있었다.

이것이 새서방님의 눈에 띄었다. 그래서 색시는 어떤 날 밤 자던 몸으로 마당 복판에 머리를 푼 채 내어 동댕이가 쳐졌다. 그리고 온몸에 피가 맺히도록 얻어맞았다.

이것을 본 벙어리는 또다시 의분의 마음이 뻗쳐 올라왔다. 그래서 미친 사자와 같이 뛰어들어가 새서방님을 밀어 던지고 새색시를 둘러메었다. 그리고 나는 수리와 같이 바깥사랑 주인 영감 있는 곳으로 뛰어가 그 앞에 내려놓고 손짓과 몸짓을 열 번 스무 번 거푸하며 하소연하였다.

그 이튿날 아침에 그는 주인 새서방님에게 물푸레*로 얼굴을 몹시 얻어맞아서 한쪽 뺨이 눈을 얼러서 피가 나고 주먹같이 부었다. 그 때릴 적에 새서방의 입에서 나오는 말은,

"이 흉측한 벙어리 같으니, 내 여편네를 건드려!"
하고 부시* 쌈지를 뺏어서 갈갈이 찢어 뒷간에 던졌다.

"그리고 이놈아! 인제는 주인도 몰라보고 막 친다! 이런 것은 죽어야 해!"
하고 채찍으로 그의 뒷덜미를 갈겨서 그 자리에 쓰러지게 하였다.

벙어리는 다만 두 손으로 빌 뿐이었다. 말도 못하고 고개를 몇백 번

---

* 쌈지 담배 · 부시(부싯돌을 쳐서 불이 일어나게 하는 쇳조각) 등을 담는 주머니.
* 물푸레 물푸레나무. 물푸레나무과의 넓은잎큰키나무. 산지에 나며 5월에 흰 꽃이 핌.

코가 땅에 닿도록 그저 용서해 달라고 빌기만 하였다. 그러나 그의 가슴에는 비로소 숨겨 있던 정의감이 머리를 들기 시작하였다. 그는 그 아픈 것을 참아 가면서도 북받치는 분노(심술)를 억제하였다.

그 때부터 벙어리는 안방에 들어가지 못하였다. 이 들어가지 못하는 것이 더욱 벙어리로 하여금 궁금증이 나게 하였다.

그 궁금증이라는 것이 묘하게 빛이 연하여 주인 아씨를 뵈옵고 싶은 감정으로 변하였다. 뵈옵지 못하므로 가슴이 타올랐다. 몹시 애상의 정서가 그의 가슴을 저리게 하였다.

한 번이라도 아씨를 뵈올 수가 있으면 하는 마음이 나더니 그의 마음의 엿은 녹기를 시작하였다. 센티멘털한 가운데에서 느끼는 그 무슨 정서는 그에게 생명 같은 희열을 주었다.

그것과 자기의 목숨이라도 바꿀 수 있을 것 같았다. 어떤 때는 그대로 대강이로 담을 뚫고 들어가고 싶도록 주인 아씨를 뵈옵고 싶은 것을 꾹 참을 때도 있었다.

그 후부터는 밥을 잘 먹을 수가 없었다. 일도 손에 잡히지 않았다. 틈만 있으면 안으로만 들어가고 싶었다.

주인이 전보다 많이 밥과 음식을 주고 더 편하게 하여 주었으나 그것이 싫었다. 그는 밤에 잠을 자지 않고 집 가장자리를 돌아다녔다.

5

하루는 주인 새서방님이 술이 취하여 들어오더니 집 안이 수선수선하여지며 계집 하인이 약을 사러 갔다 들어오는 것을 보고 그 계집 하인을 붙잡았다. 그리고 무엇이냐고 물었다.

계집 하인은 한 주먹을 뒤통수에 대고 얼굴을 젋다고 하는 뜻으로 쓰다듬으며 둘째 손가락을 내밀었다. 그것은 그 집 주인은 엄지손가락이요, 둘째 손가락은 새서방님이라는 뜻이요, 주먹을 뒤통수에 대는 것은 여편네라는 뜻이요, 얼굴을 문지르는 것은 예쁘다는 뜻으로 벙어리에게 쓰는 암호다.

그런 뒤에 다시 혀를 내밀고 눈을 뒤집어쓰는 형상을 하고 두 팔을 싹 벌리고 뒤로 자빠지는 꼴을 보이니 그것은 사람이 죽게 되었거나 앓을 적에 하는 말 대신의 손짓이다.

벙어리는 눈을 크게 뜨고 계집 하인에게 한 발자국 가까이 들어서며 놀라는 듯이 멀거니 한참이나 있었다.

그의 가슴은 무섭게 격동하였다. 자기의 그리운 주인 아씨가 죽었다는 말이나 아닌가. 그는 두 주먹을 마주치며 한숨을 쉬었다. 그리고는 자기 방에 무엇을 생각하는 것처럼 두어 시간이나 두 눈만 껌벅껌벅 하고 앉았었다.

그는 밤이 깊어 갈수록 궁금증 나는 사람처럼 일어섰다 앉았다 하더니 두 시나 되어서 바깥으로 나가서 뒤로 돌아갔다.

그는 도적놈처럼 조심스럽게 바로 건넌방 뒤 미닫이 앞 담에 서서 주저주저 하더니 담을 넘었다. 가까이 창 앞에 가 서서 문틈으로 안을 살피다가 그는 진저리를 치며 물러섰다.

어두운 밤에 그의 손과 발이 마치 그 뒤에 서 있는 감나무 잎같이 떨리더니 그대로 문을 박차고 뛰어들어갔을 때, 그의 팔에는 주인 아씨가 한 손에 기다란 면주 수건*을 들고서 한 팔로 벙어리의 가슴을 밀치며 뻗대었다. 벙어리는 다만 눈이 뚱그래서 '에헤' 소리만 지르고 그 수건을 뺏으려 애쓸 뿐이다.

집안이 야단났다.

"집안이 망했군!"

＊면주 수건(綿紬手巾) 명주 수건. 명주실로 짠 수건.

"어디 사내가 없어서 벙어리를!"

"어떻든 알 수 없는 일이야!"

하는 소리가 이 구석 저 구석에서 수군댄다.

6

그 이튿날 아침에 벙어리는 온몸이 짓이긴 것이 되어 마당에 거꾸러 져 입에서 피를 토하며 신음하고 있었다. 그 곁에서는 새서방이 쇠줄 몽둥이를 들고서 문초를 한다.

"이놈!"

하고는 음란한 흉내는 모조리 하여 가며 건넌방을 가리킨다. 그러나 벙 어리는 손을 내저을 뿐이다. 또 몽둥이에는 살점이 묻어 나왔다. 그리 고 피가 흘렀다.

벙어리는 타 들어가는 목으로 소리도 못 내며 고개만 내젓는다. 그는 피를 토하며 고꾸라지며 이마를 땅에 비비며 고개를 내흔든다. 땅에는 피가 스며든다.

새서방은 채찍 끝에 납뭉치를 달아서 가슴을 훔쳐 갈겼다가 힘껏 잡 아 뽑았다. 벙어리는 그대로 고꾸라지며 말이 없었다.

새서방은 그래도 시원치 못하였다. 그는 어제 벙어리가 새로 갈아 논 낫을 들고 달려왔다. 그는 그 시퍼렇게 드는 날을 번쩍 들었다. 그래서 벙어리를 찌르려 할 제 벙어리는 한 팔로 그것을 받았고, 집안 사람은 달려들었다. 벙어리는 낫을 뿌리쳐 뺏어서 저리로 던지고 그대로 까무 러졌다.

주인은 집안이 망하였다고 사랑에 누워서 모든 일을 들은 체 만 체 문을 닫고 나오지를 아니하며, 집 안에서는 색시를 쫓는다고 야단이다. 그 날 저녁때 벙어리는 다시 끌려나왔다. 그 때에는 주인 새서방이 그

의 입던 옷과 신짝을 주며 눈을 부릅뜨고 손을 멀리 가리키며,

"가! 인제는 우리 집에 있지 못한다."

하였다. 이 소리를 듣는 벙어리는 기가 막혔다. 그에게는 이 집 외에 다른 집이 없다. 이 집 외에는 살 곳이 없었다. 자기는 언제든지 이 집에서 살고 이 집에서 죽을 줄밖에 몰랐다. 그는 새서방님의 다리를 끼어안고 애걸하였다. 말도 못하는 것을 몸짓과 표정으로 간곡한 뜻을 표하였다. 그러나 새서방님은 발길로 지르고 사람을 불렀다.

"이놈을 내쫓어라."

벙어리는 죽은 개 모양으로 끌려나갔다. 그리고 대강팽이를 개천 구석에 들이 박히면서 나가 곤드라졌다가 일어서서 다시 들어오려 할 때에는 벌써 문이 닫혀 있었다. 그는 문을 두드렸다.

그의 마음으로는 주인 영감을 찾았으나 부를 수가 없었다. 그가 날마다 열고 날마다 닫던 문이 자기가 지금은 열려 하나 자기를 내어 쫓고 열리지를 않는다.

자기가 건사하고 자기가 거두던 모든 것이 오늘에는 자기의 말을 듣지 않는다. 어려서부터 지금까지 모든 정성과 힘과 뜻을 다하여 충성스럽게 일한 값이 오늘에 이것이다.

그는 비로소 믿고 바라던 모든 것이 자기의 원수란 것을 알았다. 그는 그 모든 것을 없애 버리고 자기도 또한 없어지는 것이 나은 것을 알았다.

7

그 날 저녁 밤은 깊었는데 멀리서 닭이 우는 소리와 함께 개 짖는 소리뿐이 들린다.

난데없는 화염이 벙어리 있던 오 생원 집을 에워쌌다. 그 불을 미리

놓으려고 준비하여 놓았는지 집 가장자리로 쭉 돌아가며 흩어 놓은 풀에 모조리 돌아붙어 공중에서 내려다보면은 집의 윤곽이 선명하게 보일 듯이 타오른다.

불은 마치 피 묻은 살을 맛있게 잘라 먹는 요마의 혓바닥처럼 날름날름 집 한 채를 삽시간에 먹어 버렸다. 이와 같은 화염 속으로 뛰어들어 가는 사람이 하나 있으니 그는 다른 사람이 아니라 낮에 이 집을 쫓겨난 삼룡이다.

그는 먼저 사랑에 가서 문을 깨뜨리고 주인을 업어다가 밭 가운데 놓고 다시 들어가려 할 제 얼굴과 등과 다리가 불에 데어 쭈그러져드는 것을 알지 못하였다.

그는 건넌방으로 뛰어들었다. 그러나 색시는 없었다. 다시 안방으로 뛰어들었다. 그러나 또 없고 새서방이 그의 팔에 매달리며 구원하기를 애원하였다. 그러나 그는 그것을 뿌리쳤다.

다시 서까래가 시뻘겋게 타면서 그의 머리에 떨어졌다. 그의 머리는 홀랑 벗어졌다. 그러나 그는 그것을 몰랐다.

그는 부엌으로 가 보았다. 거기서 나오다가 문설주가 떨어지며 왼팔이 부러졌다. 그러나 그것도 몰랐다. 그는 다시 광으로 가 보았다. 거기도 없었다. 그는 다시 건넌방으로 들어갔다.

그 때야 그는 새아씨가 타 죽으려고 이불을 쓰고 누워 있는 것을 보았다. 그는 새아씨를 안았다. 그리고는 길을 찾았다. 그러나 나갈 곳이 없었다. 그는 하는 수 없이 지붕으로 올라갔다.

그는 비로소 자기의 몸이 자유롭지 못한 것을 알았다. 그러나 그는 자기가 여태까지 맛보지 못한 즐거운 쾌감을 자기의 가슴에 느끼는 것을 알았다.

새아씨를 자기 가슴에 안았을 때 그는 이제 처음으로 살아난 듯하였다. 그는 자기의 목숨이 다한 줄 알았을 때, 그 새아씨를 자기 가슴에 힘

껏 껴안았다가 다시 그를 데리고 불 가운데를 헤치고 바깥으로 나온 뒤에 새아씨를 내려놓을 때에 그는 벌써 목숨이 끊어진 뒤였다.

집은 모조리 타고 벙어리는 새아씨 무릎에 뉘어 있었다. 그의 울분은 그 불과 함께 사라졌을는지! 평화롭고 행복스러운 웃음은 그의 입 가장자리에 엷게 나타났을 뿐이다.

뽕

1

안협집이 부엌으로 물을 길어 가지고 들어오매 쇠죽을 쑤던 삼돌이 란 머슴이 부지깽이로 불을 헤치면서,

"어젯밤에는 어디 갔었던교?"

하며, 불밤송이 같은 머리에 왜수건을 질끈 동여 뒤통수에 슬쩍 질러맨 머리를 번쩍 들어 안협집을 훑어본다.

"남 어데 가고 안 가고 님자가 알아 무엇할 게요?"

안협집은 별 꼴사나운 소리를 듣는다는 듯이 암상스러운 눈을 흘겨 보며 톡 쏴 버린다.

조금이라도 염량*이 있는 사람 같으면 얼굴빛이라도 변하였을 것 같 으나 본시 계집의 궁둥이라면 염치없이 추근추근 쫓아다니며 음흉한

---

* 염량(炎凉) 선악과 시비를 분별하는 슬기.

술책을 부리는 삼십이나 가까이 된 노총각 삼돌이는 도리어 비웃는 듯한 웃음을 웃으면서,

"그리 성낼 게야 무엇 있습나? 어젯밤 안쥔 심바람*으로 넘자 집을 갔었으니깐두루 말이지."

하고 털 벗은 송충이 모양으로 군데군데 꺼칫꺼칫하게 난 수염을 숯검정 묻은 손가락으로 두어 번 쓰다듬었다.

"어젯밤에도 김 참봉 아들네 사랑방에서 자고 왔습네그려."

삼돌이는 싱긋 웃는 가운데에도 남의 약점을 쥔 비겁한 즐거움이 나타났다.

"무엇이 어쩌고 어째, 이 망나니 같은 놈······."

하는 말이 입 바깥까지 나왔던 안협집은 꿀꺽 다시 집어삼키면서,

"남 어데 가 자든 말든 상관할 것이 무엇인고!"

하며, 물동이를 이고서 다시 나가려 하니까,

"흥! 두고 보소. 가만 있을 줄 알았다가는······."

"듣기 싫어! 별 꼬락서니를 다 보겠네."

2

강원도 철원 용담이라는 곳에 김삼보라는 자가 있으니 나이는 삼십 오륙 세나 되었고, 키는 작달막하여 목은 다가붙고 얼굴빛은 노르께하며, 언제든지 가죽창 박은 미투리*에 대갈 편자를 박아 신고 걸음을 걸을 적마다 엉덩이를 내저으므로 동리에서는 그를 '땅딸보 김삼보', '아편쟁이 김삼보', '오리 궁둥이 김삼보'라고 부르는데 한 달에 자기 집에 붙어 있는 날이 이틀이라면 꽤 오래 있는 셈이요, 하루라면 예사다.

---

* 심바람 '심부름'의 사투리.
* 미투리 삼 따위로 만든 신.

그리고는 언제든지 나돌아 다니므로 몇 해 전까지도 잘 알지 못하였으나, 차차 동리서 소문이 돌기를 '노름꾼 김삼보'라는 말이 퍼지자 점점 알아본즉 딴은 강원도, 황해도, 평안도 접경을 넘어다니며 골패* 투전*으로 먹고 지내는 것이 알려지게 되었다.

그 노름꾼 김삼보의 여편네가 아까 말하던 안협집이니 안협은 즉 강원, 평안, 황해, 삼도 품에 있는 고읍의 이름이다.

그 안협집을 김삼보가 얻어 오기는 지금으로부터 오년 전, 안협집이 스물한 살 되던 해인데 어떻게 해서 얻었는지 자세히는 알지 못하나 사람들의 말을 들으면 술 파는 것을 눈을 맞추어서 얻었다고 하기도 하고, 계집이 김삼보에게 반해서 따라왔다기도 하고, 또는 그런 것 저런 것도 아니라 계집의 전남편과 노름을 해서 빼앗았다고 하는데 위인된 품으로 보아서 맨 나중 말이 가장 유력할 것 같다고 동리 사람들이 말을 한다.

처음에 안협집이 동리에 오자 그 동리 그 또래 계집들은 모두 석경*을 들여다보게 되었다. 안협집이 비록 몸은 그리 귀하게 태어나지 못하였으나 인물이 남달리 고운 점이 있어, 동리 젊은 것들이 암연히* 부러워도 하고 질투도 하게 되고 또는 석경 속에 비친 자기네들의 예쁘지 못한 얼굴을 쥐어뜯고 싶기도 하였으니 지금까지 '나만한 얼굴이면' 하는 자만심이 있던 젊은 계집들에게 가엾게도 자가 결함이 폭로되는 환멸을 느끼게 하기까지도 하였다.

그러나 촌구석에서 아무렇게나 자란 데다가 먼저 안 것이 돈이었다.

'돈만 있으면 서방도 있고 먹을 것, 입을 것이 다 있지.'
하는 굳은 신조는 자기 목숨을 내어놓고는 무엇이든지 제공하여 부끄러운 것이 없었다.

---

* **골패**(骨牌) 노름 기구. 흰 뼈를 붙인 납작하고 네모진 나뭇조각 32개마다 구멍이 파여 있음.
* **투전** 노름. 그림으로 수를 나타낸, 손가락 너비의 길쭉한 두꺼운 종이를 이용.
* **석경**(石鏡) 거울.
* **암연하다** 슬프고 침울하다.

십오륙 세 적, 참외 한 개에 원두막 속에서 총각녀석들에게 정조를 빌린 것이나, 벼 몇 섬, 돈 몇 원, 저고리감 한 벌에 그것을 빌리는 것이 분량과 방법이 조금 높아졌을 뿐이요 그 관념은 동일하였다.

그리하여 이 곳으로 온 뒤에도 동리에서 돈푼이나 있고 얌전한 젊은 사람은 거의 다 한 번씩은 후려 내었으니 그것은 남자 편에서 실없은 짓 좋아하는 이에게 먼저 죄가 있다 하는 것보다도 이 쪽 안협집에서 그 책임이 더 있다고 할 수 있고, 또 그것보다 더 큰 죄는 그 남편 되는 노름꾼 김삼보에게 있다고 할 수가 있으니, 그것은 남편 노름꾼이 한 달에 한 번을 올까말까 하면서도 올 적에는 빈손을 들고 오는 때가 많으니 젊은 계집 혼자 지낼 수가 없으매 자연히 이 집 저 집 동리로 다니며 품방아도 찧어 주고 김도 매 주고 진일도 하여 주며 얻어먹다가, 한 번은 어떤 집 서방님에게 실없는 짓을 당하고 나서 쌀 말과 피륙 필을 받아 보니 그것처럼 좋은 벌이가 없어 차츰차츰 이번에는 자기가 스스로 벌이를 시작하여 마치 장사하는 사람이 거래 단골을 트듯이, 이 사람 저 사람을 집어먹기 시작하더니 그것도 차차 눈이 높아지니까 웬만한 목도*꾼 패장이나 장돌림, 조금 올라가서 순사 나리쯤은 눈으로 거들떠보지도 않게 되고, 적어도 그 곳에서는 돈푼도 상당하고 여간해서 손아귀에 들지 않는다는 자들을 얼러 보기 시작하게 되었던 것이다.

그 후부터는 일하지 않고 지내며 모양 내고 거드름 부리고 다니는데 자기 남편이 오면은,

"이번에는 얼마나 땄습노?"

하고 포르께한* 눈을 사르르 내리뜬다.

"딴 게 뭔가, 밑천까지 올렸네."

---

* **목도** 두 사람이나 그 이상이 짝이 되어 뒷덜미에 몽둥이를 얹어 무거운 물건을 함께 메어 나르는 일.
* **포르께하다** '파르께하다'의 사투리. 짙지도 옅지도 않다.

삼보는 목 뒤를 쓰다듬으며 입맛을 다신다. 그러면 안협집은 전에 없던 바가지를 긁으며,

"×알 두 쪽을 달구서 그래 계집만두 못하다는 말요?"
하고서, 할 말 못 할 말을 붙어서 풀을 잔뜩 죽여 놓은 뒤에는 혹시 서방이 알면 경이 내릴까 하여 노자랑 밑천 푼을 주어서 배송을 낸다. 그러면 울며 겨자 먹기로 삼보는 혼자 한숨을 쉬면서,

"허허, 실상 지금 세상에는 섣부른 ×알보다는 계집 편이 훨씬 나니라."
하고 봇짐을 짊어지고 가 버린다.

3

이렇게 2, 3년을 지내고 난 어느 가을에 삼돌이란 놈이 그 뒷집 머슴으로 왔는데, 놈이 어느 곳에서 어떻게 빌어먹던 놈인지는 모르나 논 맬 때 콧소리나마 아리랑타령 마디나 똑똑히 하고 술잔이나 먹을 줄 알며, 동료들 가운데 나서면 제법 구변이나 있는 듯이 떠들어 젖히는 것이 그럴 듯하고, 게다가 힘이 세어서 송아지 한 마리 옆에 끼고 개천 뛰기는 밥 먹듯 하는 까닭에 동리에서는 호랑이 삼돌이로 이름이 높다.

놈이 음침하여, 오던 때부터 동리 계집으로 반반한 것은 남모르게 모두 건드려 보았으나 안협집 하나가 내내 말을 듣지 않으므로 추근추근 귀찮게 구는데, 마침 여름이 되어 자기 집 주인 마누라가 누에*를 놓고 혼자는 힘이 드니까 안협집을 불러서 같이 누에를 길러 실을 낳거든 반

---

*누에 누에나방의 애벌레. 누에고치는 명주실의 원료로 쓴다.

누에

분하자는 약속을 한 후 여름내 같이 누에를 치게 된 것을 알고 어떤 틈만 기다리며,

"흥, 계집년이 배때가 벗어서* 말쑥한 서방님만 얼르더라. 어디 두고 보자. 너도 깩소리 못하고 한 번 당해야 할걸! 건방진 년!"

하고는 술잔이나 취하면 주먹을 들었다 놓았다 한다.

그러자 주인 마누라가 치는 누에가 거의 오르게 되자 뽕이 떨어졌다. 자기 집 울타리에 심은 뽕은 어림도 없이 다 따다 먹였고, 그 후에는 삼돌이란 놈을 시켜서 날마다 십 리나 되는 건넛말 일갓집 뽕을 얻어다 먹이었으나 그것도 이제는 발가숭이가 되게 되었다.

인제는 뽕을 사다 먹이는 수밖에 없게 되었다. 그러나 사다가 먹이자면 돈이 든다.

주인 노파는 담뱃대를 물고서 생각하여 보았다.

'개량뽕이 좋기는 좋지마는 돈을 여간 받아야지. 그리고 일일이 사서 먹이려다가는 뽕값으로 다 들어가고 남는 것이 어디 있나.'

노파 생각에는 돈 한 푼 안 들이고 공짜로 누에를 땄으면 좋을 것이다. 돈 한 푼을 들인다 하면 그 한 푼이 전 수확에서 나오는 이익의 전부같이 생각되어 못 견디었다. 그뿐 아니라 자기 혼자 이익을 먹는 것 같으면 모르거니와 안협집하고 동사*로 하는 것이므로 안협집이 비록 뼈가 부서지도록 일을 한다 하더라도 그 힘이 자기 주머니에서 나가는 돈 한 푼만 못해 보인다. 그래서 뽕을 어떻게 공짜로, 돈 안 들이고 얻어 올 궁리를 하고 있다가 안협집이 마침 마당으로 들어서매,

"뽕 때문에 일 났구려."

하며 안협집에게는 무슨 도리가 없느냐고 물어 보았다.

"글쎄."

---

* 배때가 벗다 행동이나 말이 아주 거만하고 건방지다.
* 동사(同事) 같은 종류의 일을 함.

안협집 생각은 주인의 마음과 또 달라서 남의 주머니 돈 백 냥이 내 주머니 돈 한 냥만 못하다. 그래서 '돈 주면 살걸' 하는 듯이 심상하게 있다.

"어떻게 해서든지 구해 와야지."

서로 얼굴만 쳐다볼 때, 들에 나갔던 삼돌이란 놈이 툭 튀어 들어오다가 이 소리를 듣더니 제 딴은 동정하는 표정으로,

"그것 일 났쇠다. 어떻게 하나……."

한참 허리를 짚고 생각을 해 보더니,

"형! 참 그 뽕은 좋더라마는……. 똑 되기를 미선* 조각같이 된 놈이 기름이 지르르 흐르는데 그놈을 먹이기만 하면 고치가 차돌같이 여물 거야!"

들으라는 말인지 혼자말인지는 모르나 한 마디를 탁 던지고 말이 없다. 귀가 반짝 띈 주인은,

"어디 그런 것이 있단 말이야?"

하며 궁금증 난 사람처럼 묻는다.

"네, 저 새 술막에 있는 것 말씀이오."

혹시 좋은 수가 있을까 하다가 남의 뽕밭, 더구나 그것으로 살아가는 양잠소 뽕이라, 말씨름만 하는 것이 될 것 같으므로,

"응! 나도 보았지, 그게 그렇게 잘 되었나? 잘 되었겠지. 그렇지만 그런 것이야 짐으로 있으면 무엇하나."

"언제 보셨어요?"

"보기야 여러 번 보았지. 올 봄에 두릅 따러 갔다가도 보고……."

삼돌이란 놈이 한참 있다가 싱긋 웃더니 은근하게,

"쥔 마님! 제가 뽕을 한 짐 져다 드릴 것이니 탁주 많이 먹이시랍니

---

* 미선(尾扇) 대나무의 한 끝을 가늘게 쪼개어 둥글게 펴고 실로 엮은 뒤, 종이로 앞뒤를 바른 둥그스름한 부채.

까?"

들던 중에도 그렇게 반가운 소리가 또 어디 있으랴.

"작히 좋랴. 따 오기만 하면 탁주에다 젓이라도 담그마."

귀찮스런 삼돌이도 이런 때는 쓸 만하다는 듯이 안협집도 환심 얻으려는 듯한 웃음을 웃으며 삼돌이를 보았다.

삼돌이는 사내자식의 솜씨를 네 앞에 보여 주리라 하는 듯이 기운이 나며 만족하였다.

그 날 밤 저녁을 먹고 자정 때나 되었을 때 삼돌이는 눈을 비비며 일어나서 문 밖으로 나갔다.

나갔다가 한 두어 시간 만에 무엇인지 지고 오더니 그것을 뒤껼 건넌방 뒤창 밑에 뭉뚱그려 놓았다. 이튿날 보니까 딴은 미선쪽 같은 기름이 흐르는 뽕잎이었다.

"어디서 났을꼬?"

주인하고 안협집은 수근수근 하였다.

"그 녀석이 밤에 도둑질을 해 온 게지? 뽕은 참 좋소, 그렇지?"

"참 좋쇠다. 날마다 이만큼씩만 가져오면 넉넉히 먹이겠쇠다."

두 사람은 뽕을 또 따 오지 않을까 보아서 아무 말도 아니 하고,

"참 뽕 좋더라. 오늘도 좀 또 따 오렴."

하고 충동인다. 놈은 두 손을 내저으며,

"쉬, 떠드시지 맙쇼. 큰일 나죠. 그것이 그렇게 쉬워서야 그 노릇만 하게요. 까땍하다가는 다리 마디가 두 동강 날걸요."

도둑해 온 삼돌이나 받아들인 두 사람이나 도둑질했소! 하는 말은 없으나 서로 알고 있다.

그러자 하루는 주인이 안협집더러,

"여보, 이번에는 임자가 하루 저녁 가 보구려. 앞으로 그놈이 혹시 못 가게 되더래도 임자가 대신 갈 수 있지 않수. 또 고삐가 길면은 바래

인다구 무슨 일이 있을는지 모르니 임자와 둘이 가서 한몫 많이 따 오는 것이 좋지 않수?"

안협집이 삼돌이를 꺼리는 줄 알지마는 제 욕심에 입맛이 달아서 자 꾸자꾸 충동인다.

"따다가 잡히면 어찌하구유."

"무얼! 밤중에 누가 알우? 그러고 혼자 가라오? 삼돌이란 놈하고 같 이 가랬지."

"글쎄, 운이 글러서 잡히거나 하면 욕이지요."

잡히는 것보다도 안협집의 걱정은 보기도 싫은 삼돌이란 녀석하고 밤중에 무인지경을 같이 가라니 그것이 딱한 일이다.

안협집의 정조가 헤프기로 유명한 만치 또 매몰스럽기도 유명하여 한번 맘에 들지 않는 것은 죽어도 막무가내다. 그것은 만 냥 금을 주어 도 거들떠보지도 아니한다. 그런데 삼돌이가 그 중에 하나를 참례하여 간장을 태우는 모양이다.

안협집은 생각하고 생각하여 결심해 버렸다.

'빌어먹을 녀석이 그 따위 맘을 먹거든 저 죽이고 나 죽지. 내 기운은 없어도…….'

하고 쌀쌀하게 눈을 가로뜨고 맘을 다잡아먹었다. 그리고는 뽕을 따러 가기로 하였다.

삼돌이는 어깨에서 춤이 저절로 추어진다.

"애, 이것이 정말인가, 거짓말인가? 이제는 때가 왔구나. 인제는 제 가 꼭 당했지."

놈이 신이 나서 저녁 먹고, 마당 쓸고, 소 여물 주고, 도야지, 병아리 새끼 다 몰아넣고, 앞뒤로 돌아다니며 씻은 듯 부신 듯 다 해 놓고, 목 물하고 발 씻고, 등거리 잠뱅이까지 갈아입은 후 곰방대에 담배를 꾹꾹 눌러 듬뿍 한 모금 빨아 휘이 내뿜으며 시간 오기만 기다린다.

4

안협집은 보자기를 가지고 삼돌이를 따라서 뽕밭을 향하여 간다.

날이 유달리 깜깜하여 앞의 개천까지 자세히 보이지 않는다. 돌부리가 발부리를 건드리면 안협집은 에구 소리를 내며 천방지축*으로 다리도 건느고 논 이랑도 지나고 하여 길 반쯤 왔다.

삼돌이란 놈은 속으로 궁리를 하였다.

'뽕을 따기 전에 논 이랑으로 끌고 가……? 아니지, 그러다가는 뽕두 못 따 가지고 오면 어떻게 하게……. 저도 열녀가 아닌 다음에야 당하고 나면 할 말 없지. 아주 그런 버릇이 없는 년 같으면 모르거니와……. 옳지, 수가 있어, 뽕을 잔뜩 따서 이어 주면 제가 항우의 딸년이라도 한 번은 중간에서 쉬렷다. 그러거든…….'

이렇게 궁리를 하다가 너무 말이 없으니까 심심파적*도 될 겸 또는 실없이 농담도 좀 해서 마음을 좀 떠 보아 나중 성사의 전제도 만들어 놀 겸 공연히 쓸데없는 말을 지껄인다.

"삼보는 언제나 온답데까?"

"몰라, 언제는 온다간다 말이 있어 다니나?"

"그래 영감은 밤낮 나돌아다니니 혼자 지내기 쓸쓸치 않소?"

놈이 모르는 것같이 새삼스럽게 시치미를 뗀다.

"별 걱정 다 하네. 어서 앞서 가, 난 길이 서툴러 못 가겠으니……."

"매우 쌀쌀하구려. 나는 임자를 위해서 하는 말인데. 그렇지만 김 참봉 아들이란 쇠귀신 같은 놈이라 아무리 다녀도 잇속 없습네. 내 말이 그르지 않지."

안협집은 삼돌이가 아주 터놓고 말을 하는 것을 들으니까 분해서 뺨

---

* **천방지축**(天方地軸) 급하게 허둥지둥 날뛰는 것.
* **심심파적** 심심풀이.

이라도 치고 싶었으나 그대로 참으며,

"무엇이 어째? 말이라면 다 하는 줄 아는군."

하고 뒤로 조금 떨어져 걸어갈 제, 전에도 그 녀석이 미웠지마는 남의 약점을 들어 가지고 제 욕심을 채우려는 것이 더 더러웠다.

뽕밭에 왔다. 삼돌이란 놈이 철망으로 울타리한 것을 들어 주어 안협집이 먼저 들어가고 나중으로 삼돌이란 놈은 그 무거운 다리를 성큼 하여 그 안으로 들어갔다.

들어가다가 발끝에 삭정이 가지를 밟아서 딱, 우지끈 소리가 나고 조용하였다.

삼돌이는 손에 익어서 서슴지 않고 따지마는 안협집은 익지도 못한 데다가 마음이 떨리고 손이 떨려서 마음대로 안 된다.

삼돌이는 뽕을 따면서도 이따가 안협집을 꾀일 궁리를 하지마는 안협집은 이것 저것을 잊어버리고 손에 닥치는 대로 뽕을 땄다.

얼마쯤 땄다. 갑자기 안협집의 뒤에서,

"누구야!"

하고 범 같은 소리를 지르는 남자 소리가 안협집의 담을 서늘하게 하였다.

삼돌이란 놈은 길이나 되는 철망을 어느 결에 뛰어넘었는지 십여 칸 통이나 달아나서 안협집을 불렀다.

"어서 와요! 어서, 어서!"

그러나 안협집은 다리가 떨려서 빨리 나와지지를 않는다. 그러나 죽을 힘을 다하여 달아나려고, 한 아름 잔뜩 따 넣었던 뽕을 내던지고 철망으로 기어나오기는 나왔으나 치맛자락이 걸려서 잡아당긴다. 거기에 더 질겁을 해서 그대로 쭉 찢고 나오려 할 때, 때는 이미 늦었다. 뽕 지키던 남자는 안협집을 잡았다.

"이 도둑년! 남의 뽕을 네 것같이 따 가? 온 참, 이년! 며칠째냐, 벌써? 이렇게 남의 것이라고 건깡깽이*로 먹으면 체하지 않을 줄 알았더냐? 저리 가자."

안협집은,

"살려 주소. 제발 잘못했으니 살려만 주소. 나는 오늘이 처음이오. 저 삼돌이란 놈이 날마다 따 가지 나는 죄가 없쇠다."

하고, 손이 발이 되도록 빈다.

"듣기 싫어, 이년아! 무슨 변명이냐. 육시*를 하고도 남을 년 같으니. 왜, 감옥소의 콩밥 맛이 고소하더냐?"

"그저 잘못했습니다."

삼돌이는 보이지 않고 뽕지기는 안협집 손목을 끌고 뽕밭으로 들어갔다.

"이리 와! 외양도 반반히 생긴 년이 무엇이 할 게 없어 뽕서리를 다녀."

하더니 성냥불을 그어 대고 안협집을 들여다보더니,

"흥!"

의미 있는 웃음을 웃어 버렸다.

안협집은 이 웃음에 한 가닥 희망을 얻었다. 그 웃음은 안협집의 손아귀에 자기를 갖다 쥐어 준다는 웃음이다. 안협집은 따라서 방싯 웃었다. 그 웃음 한 번이 넉넉히 뽕지기의 마음을 반 이상이나 흰 죽 풀어지게 하였다.

안협집은 끌려갔다.

'제가 철석 같은 간장을 가진 놈이 아닌 바에……. 한 번이면 놓아 줄 걸.'

그는 자기의 정조를 팔아서 자기의 죄를 면할 수 있음을 알았다. 그

---

* **건깡깽이** '건깡깡이'의 사투리. 아무 기술이나 기구 따위가 없이 맨손으로 하는 일.
* **육시(戮屍)** 이미 죽은 사람의 시체에 참형을 행함.

는 마지못하는 체하고 끌려갔다.

삼돌이란 놈은 멀리서 정경만 살피다가 안협집을 뽕지기가 데리고 가는 것을 보더니 두 눈에서 쌍심지가 돋았다.

'애, 이놈이 호랑이 삼돌이를 모르는 모양이다. 그러나 대관절 어떻게 할 셈이냐? 이놈 안협집만 건드려 보아라. 정강마루를 두 토막에다 내놀 터이니. 오늘 밤에는 꼭 내 것이던 걸 그랬지. 어디 좀 가까이 좀 가 볼까?'

이제는 단판 씨름이라 주먹이 시비 판단을 하는 때이다. 다시 철망을 넘어서 들어갔다. 들어가서는 이곳 저곳 귀를 기울이더니 이 구석 저 구석으로 돌아다녀 보았다.

저 쪽에서 인기척이 웅얼웅얼 하더니 아무 말이 없다. 한 두서너 시간 그 넓은 뽕밭을 헤매고 또 거기 닿은 과목밭, 채마전, 나중에는 그 옆 원두막까지 가 보았다. 놈이 뽕나무밭 가운데 부풀덤불을 보지 못한 까닭이다.

그는 입맛만 다시면서 집으로 와서 주인에게 그 이야기를 했다.

노파의 눈이 등잔만해지더니 두 손, 두 다리가 사시나무 떨듯 한다.

"이거 일 났구나. 어쩌면 좋단 말이냐."

좌불안석을 할 제 삼돌이란 녀석은 분한 생각에 곰방대만 똑똑 떨고 앉았다.

5

그 날 새벽에 안협집은 무사히 왔다. 머리에 지푸라기가 묻고 몸 매무시가 말 아니다.

"에그, 어떻게 왔어! 응?"

주인은 눈에 눈물이 고여서 어루만진다.

"무얼 어떻게 와요? 밤새도록 놈하고 승강이를 하다가 그대로 왔지."

"그대로 놓아 주던가?"

"놓아 주지 않고, 붙잡아 두면 어찌할 테야?"

일이 너무 싱겁다. 삼돌이 놈만 혼자말처럼,

"내가 잡혔다면 콩밥을 먹었을걸. 여편네니까 무사했지."

주인은 그래도 미진해서,

"그래, 잘 놓아 주었으니 다행이지. 그러나 저러나 뽕은 어떻게 되었소?"

"다 뺏겼죠!"

"인제는 아무 일 없겠소?"

"일이 무슨 일예요."

그 날 밤에 삼돌이란 놈은 혼자 앉아서 생각하기를,

'복 없는 놈은 하는 수가 없거든, 그러나 내가 다 눈치를 채었으니까. 노름꾼 놈이 오거든 일르겠다고 위협을 하면 년도 발이 저려서 그대로는 못 있지. 내 입을 안 막고 될 줄 아는 게로구먼.'

그 후부터는 삼돌이란 놈이 안협집을 보고는,

"뽕지기 놈 보고 싶지 않습나?"

하고 오며 가며 맞대 놓고 빈정대기도 하고 빗대 놓고도 비웃는다.

"뽕이나 또 따러 가소."

이러는 바람에 온 동리에서 다 알았다. 안협집은 분해서 죽겠는데 하루는 삼돌이란 놈이 막 안협집이 이불을 펴고 누우려는데 찾아와서 추근추근 가지도 않고,

"삼보 김 서방이 올 때도 되었습네그려."

하며, 눈치를 본다. 안협집은 졸음이 와서 눈꺼풀이 뻣뻣하여 오는데 삼돌이란 놈이 가지도 않는 것이 귀찮아서,

"누가 아우. 오고 싶으면 오고 가고 싶으면 가겠지."

하고 담벼락에 비스듬히 기대 앉는다.

　삼돌이의 눈에는 그 고단해하면서 비스듬히 누워서 눈을 감을랑말랑한 안협집의 목덜미 살찌기며 볼그레한 두 볼이 몹시 정욕을 일으킨다.

　그래서 차츰차츰 말소리가 음흉해 간다.

　"임자는 사람을 너무 가려 봅디다. 그러지 마슈. 나도 지금은 남의 집 머슴놈이지마는 안집 지체라든지 젊었을 적에는 그래도 행세하는 집에서 났더라우. 지금은 그놈의 원수스런 돈 때문에 이렇게 되었지마는……."

하고 말을 건네려 하는데 안협집은 별 시러베자식 다 보겠다는 듯이 대답이 없다.

　"자 그럴 것 있소. 오늘은 내 청을 한 번 들어 주소그려."

하고 바싹 달려드는 바람에 반쯤 감았던 안협집의 눈은 똥그래지며 어느 결에 삼돌의 뺨에 손뼉이 올라가 정월에 떡치듯 철썩 한다.

　"이놈! 아무리 쌍녀석이기로 이게 무슨 버르장머리냐, 냉큼 나가거라!"

하고 호령이 추상 같다. 삼돌이란 놈은 따귀를 비비면서 성이 꼭두까지 일어나서,

　"무엇이 어쩌고 어째. 횡! 어디 또 한 번 때려 봐라."

　일이 이렇게 되었으니 자기가 하려던 것은 이루고 마는 것이 상책이다. 이래도 소문은 날 것이요, 저래도 소문은 날 것이니, 이왕이면 만족이나 채우고 소문이 나더라도 나는 것이 자기에게는 이로울 것 같았다.

　더구나 안협집으로 말을 하면 온 동리에서 판박아 놓은 화냥년이니 한 번 화냥이나 두 번 화냥이나, 남이나 내가 무엇이 다를 것이 있으랴 하는 생각이 났다.

　도리어 자기의 만족을 한 번 얻는 것이 사내자식으로서 일종의 자랑인 것같이 생각되었다.

그는 두 팔로 안협집을 힘껏 끼어안고,

"내가 호랑이 삼돌이다! 네가 만일 내 말을 들으면 무사하지만 그렇지 않으면 그대로 두지 않을 터이야! 너, 네 남편이 오기만 하면 모조리 꼬아바칠 터이야! 뽕 따러 갔던 날 일까지 모조리!"

무식한 놈이라 야비한 곳이 있다. 안협집은 그 소리가 얼마나 사내답지 못하였는지 알 수 없었다. 쇠 같은 팔이 자기 허리를 누를 때 눈을 감고 한 번 허락할까 하려다가 그 말을 듣고서 그만 침을 얼굴에 뱉었다.

"이 더러운 녀석! 네가 그까짓 것으로 나를 위협한다고 말을 들을 줄 아니!"

하고, 소리를 질렀다. 삼돌이는 손으로 안협집의 입을 막았으나 때는 늦었다. 마침 마을 다녀오던 이장의 동생이 이 소리를 듣고 문을 열었다.

삼돌이란 놈은 무안해서 얼굴이 붉어지며 안협집을 놓았다. 안협집은 분해서 색색하며,

"저놈 보시소. 아닌 밤중에 혼자 자는데 와서 귀찮게 굽니다. 저 죽일 놈이오. 좀 끌어내다 중치*를 좀 해 주시오."

이장의 동생은 안협집의 행실을 아는 고로 삼돌이만 보내려고,

"이놈이 할 일이 없거든 자빠져 자기나 하지, 왜 아닌 밤중에 남의 계집의 방에서 지랄이야? 냉큼 네 집으로 가거라!"

두 눈이 등잔만하여진다.

"네, 그런 게 아니라 실없이 기롱*을 좀 했삽더니……."

"듣기 싫어! 공연히 어름어름 하면서, 이놈아 너는 사람을 죽여도 기롱으로 아느냐?"

삼돌이는 쫓겨났다. 이장의 동생은 포달*을 부리며 푸념을 하는 안

---

* 중치(重治) 엄격하게 처벌함.
* 기롱(譏弄) 빗대어 놓고 실없는 말로 농락하는 것.
* 포달 암상이 나서 악을 쓰고 함부로 주워 대는 말.

협집을 향하여,

"젊은 것이 늦도록 사내녀석들을 방에다 붙이니까 그런 꼴을 당하지."

"누가요?"

"고만둬! 어서 잠이나 자."

하며 문을 닫쳐 주고 나가 버렸다.

6

삼돌이는 앙심을 먹었다. 안협집을 어떻게 해서든지 한 번 골리리라는 생각이 가슴 속에 탱중하였다*.

안협집은 독이 났다. 삼돌이란 놈 분풀이를 하려는 생각이 머리끝까지 올라왔다.

이튿날 동리에 소문이 났다.

"삼돌이란 놈이 뺨을 맞았다지! 녀석이 음침하니까."

"그렇지만 계집년이 단정하면 감히 그런 맘을 먹을라구."

"그렇구말구! 제 행실야 판에 박은 행실이니까."

"지가 먼저 꼬리를 쳤던 게지."

이 소리가 바람에 떠돌아오자 안협집은 분하였다. 요조숙녀보다도 빙설 같은 여자인데 이런 누추한 소문을 듣는 것 같았다. 맘에 드는 서방질은 부정한 일이 아니요, 죄가 아니요, 모욕이 아니나, 마음에 없는 놈에게 그런 소리를 듣고 당하는 것은 무서운 모욕 같았다.

그는 그 길로 삼돌이의 주인 마누라에게로 갔다.

"삼돌이란 놈을 내쫓으소."

---

*탱중하다 화나 욕심 따위가 가슴 속에 가득 차 있다.

주인은 벌써 알아채었으나 안협집 편은 안 들었다. 다만 어루만지는 수작으로,

"무얼 내쫓을 것까지 있소, 그만 일에……. 그저 눈감아 두지."

"왜 눈을 감는단 말이오?"

주인은 속으로 웃었다.

'소 한 필을 달라면 줄지언정 삼돌이를 내 놔?'

하였다.

"내쫓아선 무얼 하우, 또."

'어림없는 년! 네가 떠들면 떠들수록 네 밑구멍 들춰서 남 보이는 것이라.'

는 듯이 쳐다보며 맨 나중으로 아주 잘라 말을 해 버렸다.

"나는 못 내보내겠소."

안협집은 분해서 집에 와서 머리를 쥐어뜯으며 울었다.

그리고 또 결심했다.

"두구 봐라. 너희들까지 삼돌이를 싸고 도니! 영감만 와 봐라."

하루는, 딴은 영감이 왔다. 안협집은 곤두박질을 하면서 맞았다.

"에그, 어서 오슈."

노름꾼 김삼보는 눈이 똥그래졌다. 무슨 큰 좋은 일이나 생긴 것 같았다. 딴 때와 유달리 반가워하는 것이 의심스럽고 이상하였다.

방에 들어앉자마자 얼마나 땄느냐는 말도 물어 보지 않고 삼돌이란 놈에게 욕당할 뻔하였다는 말을 넋두리하듯 이야기하였다.

"사람이 분해서 죽겠구려. 이것도 모두 영감 잘못 둔 탓이야. 오죽 영감이 위엄이 없어 보이면 그 따위 녀석이 그런 짓을 할라고……. 영감이라고 있으나 없으나 마찬가지지, 일 년 열두 달 계집이 죽거나 살거나 내버려 두고 돌아만 다니니까……."

영감은 픽 웃었다.

"왜 내 잘못인가? 오죽 행실을 잘 가지면 그 따위 녀석에게 그 꼴을 당한담."

김삼보는 분이 나지 않는 것도 아니었다. 그러나 계집의 소행을 짐작도 하려니와 그놈의 주먹도 아니 생각할 수가 없었다. 계집이 먹여 살리라는 말이 없고 이혼하자는 말만 없는 것이 다행해서 서방질을 해도 눈을 감아 주고 무슨 짓을 하든지 그저 코대답만 하여 주는 터이라 그런 소리가 귓전으로 들릴 뿐이다.

"내가 행실 잘못 가진 게 무어요?"

안협집은 분풀이라도 하여 줄 줄 알았더니 도리어 타박을 주므로 분한 데 악이 났다.

"글쎄 무어야! 무엇? 어디 대 봐요! 임자가 내 행실 그른 것을 보았소? 어디 보았거든 본 대로 말을 하시우."

딴은 김삼보는 집어서 말할 것이 없었다. 그는 그저 그런 눈치만 채었지, 반박할 증거는 잡은 것이 없다.

"본 거나 다름없지!"

"무엇이 본 거나 다름없어? 일 년 열두 달 계집이 죽거나 살거나 내버려 두었다가 이제 와서 한다는 소리가 그것밖에 없어? 살기가 싫거든 그대로 살기 싫다고 그래! 사내답게. 왜 고만 냄새가 나지? 또 어디다가 계집을 얻어 논 게지."

"이년이 뒈지지를 못해서 기를 쓰나?"

"그렇다, 이놈아! 네까짓 녀석 아니면 서방 없을까 봐 그러니, 더러운 녀석!"

김삼보의 주먹은 안협집의 등줄기를 후렸다.

"이년, 그래도 잔소리야! 주둥이 좀 닫치지 못하겠니……."

이렇게 서로 툭탁거리며 싸우는 판에 뒷집에서 삼돌이란 놈이 이 소리를 듣고서 가장 긴한 체하고 달려왔다.

"삼보 김 서방, 언제 오셨소?"

하고, 마당에 들어섰다. 김삼보는 그놈의 상판을 보니까 참았던 분이 꼭두까지 올라온다. 삼돌이는 제법 웃음을 띠고,

"허허, 오래간만에 만나세서 내외분 싸움이 웬일이시우?"

어디서 한 잔을 하였는지 얼굴이 불콰하다.

김삼보는 눈을 흘겨 뚫어지도록 삼돌이를 쳐다보았다.

"이놈아! 남이사 내외 싸움을 하든 말든 참견이 무어야!"

삼돌이란 놈은 주춤하였다. 그는 비지 같은 눈곱이 낀 눈을 꿈벅꿈벅하더니,

"그렇게 역정 내실 것 무엇 있수. 말 좀 했기로……."

"이놈아, 네가 아랑곳할 게 무어야?"

"아랑곳은 할 것 없어도 흥정은 붙이고 싸움은 말리랬으니까 말이오. 나는 싸움 좀 못 말린단 말이오?"

하고 술 냄새를 풍기며 다가앉는다.

"이놈아, 술을 먹었거던 곱게 삭여!"

이번에는 삼돌이란 놈이 빌붙는다.

"나, 술 먹고 어찌하든 김 서방이 관계할 게 무어요."

"이놈아! 남의 내외 싸움에 참견을 하니까 그렇지."

주고받다가 삼돌이의 멱살을 김삼보가 쥐었다.

"이 녀석, 네가 무슨 뻔뻔으로 이 따위 수작이냐? 내 계집 이놈 왜 건드렸니?"

삼돌이는 조금 발이 저렸으나 속으로 흥 하고 웃었다.

"요까짓 게 누구 멱살을 쥐어? 앙징하게……."

하더니 김삼보의 팔을 잡아 마당에다가 내려 갈기니 개구리 떨어지듯 캑 한다.

"요놈의 자식아! 내 말을 좀 들어 보고 말을 해! 네 계집 험절을 모르

고 뎀비기만 하면 강산이냐? 이 동리 반반한 사내 양반 쳐 놓고 네 계집 건드리지 않은 놈이 없다. 이놈! 꼭 집어 말을 하라면 위에서 아래로 내리섬기마. 이놈 너도 계집 덕분에 노자랑 노름 밑천 푼 좋이 얻어 썼지. 그래 집이라고 오면서 볼 받은 것이나마 옥양목 버선 벌이나 얻어 가지고 가는 것은 모두 어디서 나온 것으로 아니? 요 땅딸보 오리궁둥아! 아무리 속이 밴댕이 같기로……. 그리고 또 들어 봐라. 나중에는 주워먹다 못 해서 뽕지기까지 주워 먹었다."

안협집이 파래서 달려든다.

"이놈! 네가 보았니!"

"보나 안 보나 일반이지."

"이 녀석, 네 말을 듣지 않으니까 된 말 안 된 말 주둥이질을 하는구나."

동리 사람들이 모여들었다. 안협집은 삼돌이에게 발악을 하고 김삼보는 듣고만 있다.

한참 있더니 듣다듣다 못 하는 듯이 삼돌이란 놈이 안협집에게로 달려들며,

"이년이 뒈지려고 기를 쓰나?"

하고 주먹을 들었다.

동리 사람들이 호령을 하고 말렸다.

"이놈! 저리 얼른 가거라!"

이놈은 변명을 하며 뻗딩겼다. 그러나 여러 사람에게 끌려 저리로 가 버렸다.

사람이 헤어지자 노름꾼은 계집의 머리채를 잡았다.

그는 삼돌이에게 태질을 당한 것이 분하였다. 그뿐 아니라 그렇게까지 계집년의 행실을 온 동리에서 아는 것이 분하였다.

"이년! 더러운 년! 뽕밭에는 몇 번이나 나갔니?"

발길로 지르고 주먹으로 패고 머리채를 잡아당기고 땅에다 질질 끌었다. 그는 이를 갈고 어쩔 줄을 몰랐다. 계집은 울고 발버둥질을 쳤다.

"죽여라! 죽여!"

"그럼 살려줄 줄 아니? 이년! 들어앉아서 하는 게 그런 짓밖에는 없어?"

김삼보는 자기의 무딘 팔다리가 계집의 따뜻하고 연한 몸에 닿을 때에 적지 않은 쾌감을 느끼었다. 그는 그럴수록 더욱 힘을 주어 저리도록 속에 숨겨 있던 잔인성이 북받쳐 올라왔다.

맞은 안협집은 당장에 죽을 것 같았다. 그는 생각하기를 이왕 이리된 바에야 모두 말해 버리고 저하고 갈라서면 고만이지 언제는 귀밑머리* 풀고, 사주 단자 보내고, 사당에 예배드린 내외냐. 저는 저고 나는 난데, 왜 이렇게 때리노? 하는 맘이 나며,

"이것 놔라! 내 말하마!"

하고 머리를 붙잡았다.

"뽕밭에는 한 번밖에 안 갔다. 어쩔 테냐?"

삼보는 더욱 머리채를 잡아챘다.

"이년! 한 번?"

이번에는 더 때렸다. 안협집은 말한 것이 후회가 났다. 삼보는 그래도 거짓말을 한다고 그대로 엎어 놓고 짓밟았다. 안협집은 기절을 하였다. 삼보는 귀로 안협집의 숨소리를 들어 보았다. 그러나 숨소리가 없다. 그는 기겁을 하여 약국으로 갔다. 그의 팔다리는 떨렸다. 그가 의사에게서 약을 지어 가지고 왔을 때 안협집은 일어나 앉아 있었다. 삼보는 반갑기도 하고 분하기도 하여 약을 마당에 팽개쳤다. 그리고 밤새도록 서로 말이 없었다.

---

*귀밑머리 이마의 한가운데를 중심으로 좌우로 갈라 귀 뒤로 넘겨 땋은 머리.

이튿날은 벙어리들 모양으로 말이 없이 서로 앉아 밥을 먹고, 서로 앉아 쳐다보고, 서로 말만 없이 옷도 주고받아 갈아입고 하루를 더 묵어 삼보는 또 가 버렸다. 안협집은 여전히 동리 집 공청 사랑에서 잠을 잤다. 누에는 따서 삼십 원씩 나눠 먹었다.

젊은이의 시절

1

아침 이슬이 겨우 풀 끝에서 사라지려 하는 봄날 아침이었다. 부드러운 공기는 온 우주의 향기를 다 모아다가 은하 같은 맑은 물에 씻어 그윽하고도 달콤한 내음새를 가는 바람에 실어다 주는 듯하였다. 꽃다운 풀 내음새는 사면에서 난다.

작은 여신의 젖가슴 같은 부드러운 풀포기 위에 다리를 뻗고 사람의 혼을 최면제의 마약으로 마비시키는 듯한 봄날의 보이지 않는 기운에 취하여 멀거니 앉아 있는 조철하는 그의 핏기 있고 타는 듯한 청년다운 얼굴은 보이지 않고 어디인지 찾아 낼 수 없는 우수*의 빛이 보인다.

그는 때때로 가슴이 꺼지는 듯한 한숨을 쉬었다. 그는 몸을 일으켜 천천한 걸음으로 시내가 흐르는 구부러진 나무 밑으로 갔다. 흐르는 맑

---

* 우수(憂愁) 우울과 수심. 또는 근심 걱정.

은 물은 재미있게 속살대며 흘러간다. 푸른 하늘에 높다랗게 떠가는 흰 구름이 맑은 시내 속에 비치어 어룽어룽한다.

꾀꼬리 한 마리는 그 나무 위에서 울었다. 흰 나비 한 마리가 그 옆 할미꽃* 위에 앉아 그의 날개를 한가히 좁혔다 폈다 한다. 철하는 속으로 무슨 비애가 뭉키인 감상의 노래를 불렀다.

사면의 모든 것은 기꺼움과 즐거움이었다. 교묘하게 조성된 미술이었다. 음악이었다.

그러나 그의 입 속으로 부르는 노래 소리나 그의 눈초리에 나타나는 표정은 이 모든 기꺼움과 즐거움과 아름다운 포위 속에서 다만 눈물이 날 듯한 우수와 전신이 사라지는 듯한 감상뿐이었다.

그는 속마음으로 부르짖었다.

하나님이여! 하나님은 나에게 가슴을 뭉클하게 하고 말할 수 없이 갑갑하게 하며 아침날에 광채 나는 처녀의 살빛 같은 햇볕을 대할 때나, 종알거리며 경쾌하고 활발하게 흐르는 시내를 만날 때나, 너울너울 춤추는 나비를 볼 때나 웃는 꽃이나 깜박이는 별이나 하늘을 흐르는 은하를 볼 때 아아 나의 사지를 흐르는 끓는 핏속에 오뇌의 요정을 던지셨나이까? 감상의 마액을 흘리셨나이까?

아아 악마여, 너는 나의 심장의 붉고 또 타는 것을 보았는가? 나의 심장은 밤중에 요정과 꿀 같은 사랑의 뜨거운 입을 맞추고, 피는 아침의 붉은 월계보다 붉고 나의 온몸을 돌아가는 피는 마왕의 제단에 올리려고 잡는 어린 양의 애처로운 피보다도 정하였다. 또 정하다. 아아 너는 그것을 빼앗아가려느냐? 너는 그것을 너의 그치지 않는 불꽃 속에

* 할미꽃 미나리아재빗과의 여러해살이풀. 봄에 적자색 꽃이 핀다. 줄기 높이는 40㎝ 가량.

할미꽃

던지려느냐?

　이 젊은 청년은 어렸을 때부터 저녁 해가 뉘엿뉘엿 서산으로 넘으려할 때 붉은 석양에 연기 끼인 공기를 울리우며 그의 대문 앞을 지나 멀리가는 저녁 두부장수의 슬피 부르짖는 '두부 사료!' 하는 소리나 집터를 다지는 노동자들의 '엘넬넬 상사두야' 소리를 들을 때나 한적한 여름날에 처녀 혼자 지키는 집에 꽹매기 두드리며 동냥하는 중의 소리를 들을 때나, 더구나 아자의 영원히 떠남을 탄식하며 눈물지어 우는 어머니의 울음을 조각달이 서산으로 시름없이 넘어가는 새벽 아침에 들을 때나, 아아 하늘 위에 한없이 떠가는 흰구름이여, 나의 가슴 속에 감춘 영혼과 그의 지배를 받는 이 나의 육체를 끝없는 저 천애로 둥실둥실 실어다 주어라! 나는 형적도 없고 보이지도 않는 그 소리 속에 섞이고 또 섞이어 내가 나도 아니오, 소리가 소리도 아니오, 내가 소리도 아니오, 소리가 나도 아니게 화하고 녹아서 괴로움 많고, 거짓 많고, 부질없는 것이 많은 이 세상을 꿈꾸는 듯 취한 듯한 가운데 영원히 흐르기를 바란다 하였다.

　그는 어렸을 때부터 자연의 미묘한 소리에 한없는 감화를 받았다. 그는 홀로 저녁 종소리를 듣고 눈물을 씻었으며 동요를 부르며 지나가는 어린 계집아이를 안아 주었다.

　그는 가끔 음악에 대한 서적도 많이 보았다. 더구나 예술의 뭉치인 가극이나 악극을 구경할 때에 그 무대에 나타나는 여우의 리듬 맞춘 경쾌하고 사랑스럽고 또 말할 수 없는 정욕을 주는 거동을 볼 때나 여신같이 차린 처녀의 애연한 소리나 황자 같은 배우의 추력을 가진 목소리가 모든 것과 잘 조화되어 다만 그에게 주는 것은 말하기 어려운 환상뿐이었다. 넘칠 듯한 이상뿐이었다. 인생의 비애뿐이었다.

　그는 지금 나무 밑에 서서 주먹을 단단히 쥐고 공중을 치며,

　'음악가가 되었으면! 세상에 가장 크고 극치의 예술은 음악이다. 나

는 음악가가 될 터이다.'

그는 한참 있다가 다시,

'아니, 아니 '음악가가 될 터이야' 가 아니다. 내가 나를 음악가라 이름 짓는 것은 못난이 짓이다. 아직 세상을 초탈하지 못한 까닭이다. 그렇다. 다만 내 속에 음악을 놓고 내가 음악 속에 들 뿐이다.'

그의 표정에는 이 세상 모든 것을 조소하는 웃음이 넘치는 듯하였다. 그는 한참 가만히 있었다. 그러다가 그는 갑자기 눈에 희미한 눈물 방울을 고였다. 그리고 다시 주먹을 쥐고,

"에에 —— 가정이란 다 —— 무엇이야, 깨뜨려 버려야지, 가정이란 사랑의 형식이다. 사랑 없는 가정은 생명 없는 시체다. 아아 이 세상에는 목숨 없는 송장 같은 가정이 얼마나 될까? 불쌍한 아버지와 애처로운 어머니는 왜 나를 나셨소, 참진리와 인생의 극치를 바라보고 가려는 나를 왜 못 나가게 하셔요? 어머니 아버지가 나를 낳아 기를 때에 얼마나 애끓이는 생각을 하셨어요. 어머니는 나를 업고 어떠한 날 새벽에 우리 집에 도적이 들어오니까 담을 넘어 도망을 하시려다 맨발바닥에 긴 못을 밟으시어……. 아아 어머니, 나는 지금 그것을 생각만 하여도 가슴을 찌르는 듯합니다. 그러하나 어머니, 어머니의 그와 같은 자비와 애정은 헛된 것이 되었습니다. 나는 차마 못하는 눈물을 흘리고서라도 가정을 뒤로 두고 나 갈 곳으로 갈까 합니다."

이렇게 흥분하여 있을 때에 누구인지 뒤에서,

"그러면 같이 갑시다……."

하는 고운 여성의 목소리가 들린다. 그는 돌아다보고 눈물 고인 두 눈에 웃음을 띠었다. 두 눈에 고인 눈물은 더 또렷하게 광채가 났다. 눈물은 그의 뺨으로 흘러 떨어졌다.

"아아 누님, 아아 영빈 씨."

하고 그는 손을 내밀었다. 누님은 그의 동생의 눈물을 보고 아주 조소

하듯,

"시인은 눈물이 많도다……."

하고 '하하' 하고 웃는다. 누님하고 같이 온 영빈이란 청년은 껄껄 하고 어디인지 아주 불유쾌한 표정을 나타내며,

"눈물은 위안의 할아버지지요, 허허허."

철하는 눈물을 씻고 아주 어린아이같이 한 번 빙긋 웃고,

"왜 인제 오서,요 네? 나는 한참 기다렸어요. 그러나 그것은 어찌 되었어요?"

이 말 대답을 영빈이가 가로맡아서 대답하였다.

"다 틀렸어요. 실업가의 아드님은 부모에게 정신 유전을 받는 것같이 직업이나 학업도 유전적으로 해야 한다고 당당한 다원의 학설을 주장하시니까요, 저는 더 말할 것 없습니다마는…… 제삼자가 되어서…… 매씨께서도 퍽 말씀을 하셨으나 당초에……."

철하는 이 소리를 듣고 과도의 실망으로부터 나오는 침착으로 도리어 기막힌 웃음을 띠고,

"아아, 제2세 진화론자의 학설은 꽤 범위가 넓구면……."

그러하나 그의 누이 경애는 상냥하고도 부드러운 표정을 하고 그에게로 가까이 가서,

"무엇 그렇게까지 슬퍼할 것은 없을 듯하다. 아주머니도 네가 날마다 울고 지내는 것을 보시고 아버지께 자주자주 여쭙기는 하나 본래 분주하시니까 여태껏 자세히는 못 여쭈어 보신 모양인데 무엇 아무렇기로 너 하나 음악 공부 못 시키겠니. 아버지가 안 시키면 아주머니라도 시키시겠다고 하셨는데……. 아무 염려 마라 응! 너의 뒤에는 부드러운 햇솜 같은 여성의 후원자가 둘이나 있으니까, 무얼 아버지도 한때 망녕으로 그러시는 것이지, 사회에 예술이 얼마나 유익한 것인지 아주 모르시지도 않은 것이고……. 자……너무 그러지 말고 천

천히 집으로 들어가자. 그리고 오늘 저녁에는 중앙 극장에 오페라 구경이나 가자. 이것은 무엇이냐, 사내가 눈물을 자꾸 흘리며……. 실연했니? 하하하 자, 어서 가자 어서."

아지랑이 같은 부드러운 경애의 마음이여, 천사의 날개에서 일어나는 바람결같이 가벼운 그의 음조. 공중으로 떠오르는 듯한 철하의 가슴 속에 있는 모든 열정의 뭉친 의식을 그의 누님의 그 마음과 음조는 모두 다 녹여 버렸다. 그 녹은 것은 눈물이 되어 솟아 나왔다.

"누님, 저의 마음은 자꾸만 외로워져요. 아버지 어머니 다 믿을 수 없어요. 나는 누구를 믿을까요, 나는 누님밖에 믿을 사람이 없습니다. 나의 가슴에 보이지 않게 뭉친 것은 누님만 알아 주십니다."

그의 애원하는 정은 그의 가슴에 복받쳐 올라와 눈물지면서 그의 누이의 손을 쥐었다. 그러나 여성의 손을 잡는 감정에 그는 아무리 자기의 누님이라 할지라도 알지 못하게 가슴을 지나가는 발랄한 맛을 보았다. 그는 얼른 손을 놓았다.

저녁 해가 질 만하여 그들은 넓고 넓은 들 언덕을 걸어간다. 경애는 파라솔을 접어 풀밭을 짚으면서 구두 끝으로 앞치마 자락을 톡톡 차면서 걸어가고 영빈은 무슨 책인지 금자로 쓴 커다란 책을 들고 그 옆을 따라가며 철하는 두 사람보다 조금 앞서서 두 사람을 가지 못하게 막는 듯이 걸어간다. 동리에 저녁 안개는 공중에 퍼져 그 맑던 공기를 희미하게 하고 땅에 난 선명하게 푸른 풀은 회빛으로 물들인다. 경애는 다시 말을 내어 영빈에게,

"저는 예술이란 것을 알지 못합니다마는 예술가들은 다 저 모양입니까?"

하며 자기 오라비동생을 가리킨다. 영빈은 기침을 두어 번 하고,

"그렇지요, 예술을 맛보려 하려는 사람은, 더구나 예술의 맛을 본 사람은 처녀가 사랑을 맛보려는 것이나 맛을 안 것과 같습니다."

하고 무심히 경애의 얼굴을 들여다본다. 그 들여다보는 곳에는 무슨 의미가 있는 듯하였다. 경애는 그 뚫어지게 들여다보는 영빈의 눈을 피하여 다시 철하를 바라보며,

'참으로 그러한가?'

하는 듯하였다. 그리고,

"나는 너를 다시 동정하겠다. 지금까지는 다만 자매의 정으로 동정하여 왔지마는 지금부터는 참으로 너의 괴로운 가슴을 동정하리라."

하였다. 왜 그런고 하니 그는 사랑으로 인하여 마음의 견디기 어려운 괴로움을 당하여 본 까닭이었다.

사랑은 이 세상 모든 것에서 떠나고 뛰어넘은 것이고 벗어난 것이라. 문학가가 신의 부르는 영의 곡을 받아서 써 놓는 것이나, 음악가·미술가·배우들이 그 예술 속에 화하여 이 세상 모든 것으로부터 떠나는 것과 같이 경우를 생각하고 시기를 생각하는 것은 참사랑이 아니다.

경애는 영빈을 사랑한다. 영빈도 경애를 사랑한다고 한다. 경애는 사랑이요, 사랑은 경애요, 영빈은 사랑이요, 사랑은 영빈이라. 사랑과 영빈과 경애는 한몸이다. 세 사람은 어떠한 요리집에서 저녁을 먹고 철하는 두 사람에게 작별을 하고 어디로인지 혼자 가 버렸다.

두 주일이 지났다. 철하는 날마다 자기 방에 앉아 울었다. 그는 다만 나의 희망의 머리카락만한 것은 자기의 누님으로 생각하였다. 자기의 누님은 예술이란 것을 이해하고 자기의 마음을 알아 주고 자기를 위하여 준다 하였다. 아아, 하늘의 선녀여, 바닷가의 정이여, 그대는 나를 위하여 나를 쌀 것이다. 숭엄하고 순결한 것이라야 숭엄하고도 순결한 것을 싸나니 그대는 나를 싸 줄 것이다. 예술이란 숭엄하고도 순결하니까.

그는 저녁마다 꿈을 꾸었다. 꿈마다 천사와 만난 그는 천사에게 아름다운 음악을 들려 받았다. 그 음악 소리는 그의 모든 것을 여름날 지평선 위로 떠오르는 흰구름같이 희고, 그 뒤에는 봄날의 아지랑이같이 희

고, 그 뒤에는 한 줄기의 외로운 바이올린의 가는 선으로 떨려 오르는 세장하고 유원한 음악 소리로 화하였다. 그는 그 음악 소리를 타고 한 없는 곳으로 영원히 흐르는 듯하였다. 조그마한 근심도 없고 다만 아름다움과 말하기 어려운 즐거움뿐으로…….

그가 그 음악 소리를 타고 흐를 때 우리가 땅 위에서 무엇을 타며 다니는 것과 같이 규칙없는 박절로써 흐르는 것이 아니라 간단없고 한결같아 그의 기꺼움은 있다 없다 하는 웃음으로 나타나지 않고 그의 자는 얼굴에는 빛나는 미소로 찼었으며, 빛나는 달빛이 창으로 새어 들어 그의 얼굴을 한층 더 빛나게 하였다.

그가 한참 흘러가다가 멈칫 하고 쉴 때에는 잠을 깨었다. 괴로움과 원망함이 다시 생기었다. 그가 창을 열고 달빛이 가득 찬 마당을 볼 때 차디찬 무엇이 그의 피를 식혀 버리는 듯하였다. 그는 또다시 울었다. 그의 울음은 결코 황혼에 쇠북 소리를 듣는 듯한 얼없이 가슴 서늘한 설움에서 나오는 것이 아니라 파란 물 위에서 은빛 물결이 뛸 때 강 언덕 마을 집에서 일어나는 젊은 과부의 창자를 끊는 듯한 울음 소리 같은 슬픔으로 나오는 소리이었다. 그는 머리를 팔에 대고 느껴 가며 울었다.

그는 속마음으로, '천사여' 하고 불렀다. 또 '마녀여' 하고 불렀다.

너희들은 무엇들을 하는가? 달이 빛을 내리쏘는 것이나, 별들이 속살대이는 것이나, 모래가 반짝거리는 것이나, 나뭇잎에 이슬이 달빛을 반사하여 번쩍거리는 것이나, 나의 전신의 피를 식히는 듯이 선뜩하게 하는 것이나, 나의 가슴 속을 괴롭게 하는 것이 천사여 너나, 마녀여 너나 누구의 술법으로써 나를 괴롭게 하는 것이라 하면 혹은 지나간 세상에서 나에게 실연을 당한 자가 천사가 되고 마녀가 되어 나를 괴롭게 하는 것이면 누구든지 그 중에 힘센 자는 나를 가져가리라. 천사나 마녀나 그리고 너의 가장 지독한 복수의 방법을 취하라. 그러나 데려다가 못 견딜 빨간 키스는 하지 말 것이다.

그렇지 않고 둘이 다 세력이 같거든 나는 둘에 쫓겨가라. 아니 아니 잠깐 가만히 있거라, 나는 조그마한 희망이 있다. 나의 누님이시다.

그는 다시 잤다.

그 이튿날 경애는 일어나 세수를 하고 근심이 있는 듯이 자기 오라비 아우에게로 왔다. 그가 드러누워 있는 아우의 자리로 가까이 와,

"어서 일어나거라, 무슨 잠을 여태 자니?"

"가만히 계서요. 남은 지금 재미있는 꿈을 꾸는데."

"무슨 꿈을?"

하고 경애는 조금 말을 그쳤다가,

"그런데 영빈 씨는 웬일이냐. 그 후 한 번도 만나 보지 못하고 또 편지 한 장 없으니……. 어디가 편치 않은지도 몰라. 벌써 두 주일이나 되었지? 그러나 무엇 다른 일 없겠지. 너 오늘 좀 가 보렴, 아침 먹고……."

철하는 빙그레 웃으며 고개를 돌리어 벽을 향하여 드러누우며,

"싫어요. 나는 그런 심부름만 한답디까? 영빈 씨인지 무엇인지 무엇을 아는 척 그까짓 게 예술가가 무엇이야. 어떻게 열이 나는지, 지금 생각하여도 분하거든. 남은 한참 누님 오기만 기다리고 있는데 ── 무슨 좋은 소식이 나올까 하고 ── 묻지 않는 말을 꺼내어, '다 틀렸어요, 실업가의 아드님은…….' 어찌하고 알지도 못하고 떠드는 것은 참 볼치를 저지르고 싶거든. 망할 자식."

감정적인 철하는 생각나는 대로 말을 다하고 다시 돌아누웠다. 그의 누님은 얼굴이 빨갰다 파랬다 한다. 아무리 자기의 동생일지라도 자기 정인에게 치욕을 주는 것은 그대로 견뎌 내기 어려웠다. 그러하나 무엇이라 말을 할 수도 없고 억지로 분함을 참으면서,

"어디 너 얼마나 그러나 보자. 내 말 듣지 않고 무엇이 될 줄 아니? 고만두어라."

일어서 나아간다. 철하는 돌아누운 채 속으로 혼자 웃으면서 일부러 부르지도 아니하였다. 그러나 경애는 철하가 다시 부르려니 하였다. 그 것이 여성의 약하고도 아름다운 점이었다.

철하는 아침을 먹고 대문을 나섰다. 정한 곳 없이 걸어갔다. 그는 어 떠한 네거리에 왔다. 거기에는 전차를 기다리는 사람이 많이 서 있었 다. 그 어떠한 여자 하나이 거기 서서 전차를 기다리고 있는 것을 보았 다. 그 여자는 자기 누이보다 더 예쁘지는 못하나 어디인지 자기 누이 가 갖지 못한 미점 있는 여자라 하겠다. 그는 한참 보다가 다시 두어 걸 음 나아가 또다시 돌아보았다. 그는 그 옆에 영빈이가 서 있는 것을 보 았다. 영빈은 그 여자와 무슨 이야기를 하고 서 있었다. 철하는 다만 반 가움을 못 이기어,

"야! 영빈 씨, 오래간만이십니다그려. 왜 그렇게 한 번도 아니 오세 요. 저의 누님은 매우……."

"네……네……, 어디로 가십니까?"

영빈은 아주 냉담하였다. 철하를 아주 싫어하는 듯하였다. 그리고 전 차가 얼른 왔으면 하는 듯이 저편 전차가 오는 곳을 바라본다. 철하는 그래도 여전하게 반가이,

"네, 아무래도 좋지요. 참 오래간만입니다. 마침 좀 만나 뵈려 하였더 니 잘 되었습니다. 바쁘지 않으시거든 우리 집까지 좀 가시지요."

그전 같으면 가자기 전에 먼저 나설 영빈이가 오늘은 아주 냉정하게,

"아녜요, 오늘은 좀 일이 있어요. 일간 한 번 들르지요."

그 때 전차가 달려온다. 영빈은 그 여자와 함께 전차를 타며 모자를 벗는 둥 마는 둥 하더니, '또 뵙겠습니다.' 한다. 철하는 기막힌 듯이 가 만히 서 있었다. 전차는 떠났다. 멀리 달아나는 전차만 멀거니 바라보 는 철하는 분한 생각이 갑자기 나서,

"에! 분해……."

사람의 본능이여, 아침에 방에 드러누워서는 일부러 장난으로 자기 누이에게 영빈과의 사랑을 냉소하였으나 지금은 다만 자기 누이의 불행을 위하여 눈물을 흘리고 가슴을 쓰리게 하지 아니치 못하였다. 나의 가장 사랑하는 누이가 영빈이란 가예술가, 부랑자, 악마 같은 놈에게 애인이란 소리를 들었던가? 하는 생각을 할 때 그는 기어코 원수를 갚아야 하겠다 하였다. 그는 부리나케 전차가 간 곳으로 향하여 갔다.

　그는 주먹을 쥐고 무엇이라 중얼중얼하였다. 또다시 정처없이 갔다.

　그는 하루종일 집에 돌아가지 않고 돌아다녔다. 만난 사람도 별로 없다. 저녁은 거의 되었다. 전등은 켜졌다. 철하는 영빈에게 꼭 원수를 갚으리라 하고 그의 집 대문으로 들어섰다.

　"이리 오너라……."

하고 불렀다. 하인이 나와 보다가 아무 말도 아니하고 들어가더니 영빈이가 나오며,

　"아! 아까는 대단히 실례했습니다. 이리로 들어오시지요."

하고 그전과 같이 반갑게 맞아 준다. 철하는 그러하면 내가 공연히 영빈을 의심하였다 하는 생각이 들며 하루종일 벼르던 분한 생각이 반이나 사라진다.

　철하는 방문에 버티고 방 안을 들여다보며,

　"아녜요. 잠깐 다녀오라고 하여서 왔어요."

　"아까 매씨도 다녀가셨습니다."

　영빈은 무슨 하지 못할 말을 억지로 하는 듯하였다. 그의 얼굴에는 무슨 죄악의 그림자가 보이는 듯하였다. 철하의 분한 마음은 자기 누이가 다녀갔다는 말에 다 날아가 버렸다. 그러나 그의 머리 속에는 아무도 없는 영빈의 방에 자기 누이인 여성이 다녀갔다는 말을 들을 때에 여자를 입맞추는 것 음란한 행동의 환영이 보이고 또 사랑의 귀여움도 생각하였다. 그는 미소를 띠우며,

"네 그래요? 그러면 제가 오히려 늦었습니다그려. 그러면 가 보겠습니다."

"왜 그렇게 들어오지도 않으시고 가서요."

"아녜요. 관계치 않습니다. 얼핏 가 보아야지요."

철하는 대문에까지 나와 다시 무엇을 생각한 듯이 영빈에게,

"아까 그 여자가 누구입니까?"

하였다. 영빈은 주저주저 하다가,

"네……네……, 저의 사촌누이예요."

"네에, 그래서요, 그러면 내일 한 번 우리 집에 놀러오시지요. 안녕히 주무십쇼."

철하는 휘적휘적 걸어 자기 집으로 돌아갔다. 철하가 안마루 끝에서 구두끈을 끄를 때에 경애가 자기 아우가 돌아옴을 보고 반기어 나오면서도 어쩐 까닭인지 그 전에 없던 부끄러움을 띠우고,

"어디 갔다 인제야 오니."

"공연히 돌아다녔죠."

철하는 자기 누이의 부끄러워함을 알지 못하였다. 철하는 도리어 자기 누이에게,

"누님은 오늘 어디 갔다 오셨어요?"

하고 물었다. 경애는 주저주저하며 황망히,

"응, 우리 동무의 집에 잠깐……."

"또요?"

"없어."

이 말을 듣는 철하의 가슴은 선뜩 하였다. 그리고 자기 누이를 한 번 쳐다보며,

"정말 없어요?"

"왜 그러니……."

"왜든지요."

철하의 눈에서는 눈물이 날 듯 날 듯하다. 알지 못하는 원망의 마음과 가슴을 버티는 듯한 슬픔은 철하를 못 견디게 하였다. 아 ——, 왜 나의 또다시 없는 사랑하는 누이가 나를 속이노? 사랑이라는 것이 형제의 의리까지 없이한다 하면? 아 ——, 나는 사랑을 하지 않을 터이야. 우리 누이는 평생에 처음으로 나를 속이었다. 나는 이제 믿을 사람이 하나도 없다. 영빈에게 갔다왔다고 하면 어때서 나를 속일까? 거기에 무슨 죄악이 숨어 있나? 비밀이 감추었나?

경애는 가까스로 참다 못하는 듯이,

"그이 집에."

하고 얼굴이 발개진다.

"그의 집이 누구의 집예요? 그이가 누구예요?"

"영빈 씨 말이야."

"네 —— 영빈이오. 그러면 왜 아까는 속이셨어요? 에—— 나는 인제는 믿을 사람이 하나도 없어요."

그는 갑자기 눈물이 쏟아졌다. 그는 아무 소리없이 자기 방으로 뛰어 들어갔다.

"이 세상에는 한 사람도 믿을 사람이 없어……."

그는 엎드려서 느껴 가며 울었다. 전깃불은 고요히 온 방 안을 비추었다.

경애는 자기의 잘못으로 인하여 가뜩이나 울기 잘하는 철하가 우는 것을 보고 얼마큼 불쌍하고 또 사랑의 참정이 복받쳐 올라왔다. 그는 철하의 방문을 열었다. 철하는 눈물을 흘리고 이불도 덮지 않고 드러누워 있었다. 만일 영빈이가 이렇게 하고 있는 것을 보았다면? 경애의 마음은? 끼어안고 입이라도 맞추었을 것이지만 그렇게 할 수 없는 철하에게는 가만히 전깃불을 반사하는 철하의 아래 눈썹에 고인 눈물을 그의 수건으로 씻어 주었다. 철하는 잠이 들었었다. 가끔가끔 긴 한숨을 쉬며 부드러운 입김을 토하였다.

경애는 왜 내가 한 번도 거짓말을 하여 보지 못한 나의 오라비에게 거짓말을 하였을까? 아 —— 육체의 쾌락은 모든 것의 죄악이다. 아무리 사랑하는 자에게 안김을 받은 것일지라도 죄악이다. 그 죄는 나로 하여금 가장 사랑하는 나의 아우를 속이게 하였다.

그는 자기 아우의 파리하여 가는 얼굴을 들여다보며 자꾸자꾸 울었다. 그러하나 그는 감히 그 날 지낸 것을 자기 아우에게 이야기할 용기는 없었다. 그는 붓과 종이를 들어 그 날 하루의 지낸 쾌업을 쓰려 하였다. 그는 썼다.

철하는 자다가 일어났다. 희망없는 사람이다. 도와 주는 사람은 없다. 하나님을 믿을까? 의지할까, 도와 주심을 빌까? 그러나 만일 신이 실재가 아니라 하면? 그렇다, 하나님도 믿을 수 없고 의지할 수 없었다. 그의 가슴 속에는 신앙이 없었다. 그의 가슴에는 하나님의 위안이 없었다. 하나님의 위안은 있는 사람에게 있고 없는 사람에게는 없다. 또 있는 것을 없이할 필요도 없고 없는 것을 일부러 있게 할 것도 없다 하였다.

그는 밤새도록 울었다. 오늘 저녁에는 엊저녁같이 아름다운 꿈을 꾸지 못하였다. 그는 새벽에 그의 누이가 써 놓은 글을 읽었다. 그는 그리 괴이하게 읽지 않았다.

영빈은 경애를 그의 침상에서 맞은 것이었다. 뭉키인 사랑은 파열을 당하였다. 익고 또 익어 농익은 앵두같이 얇아지고 또 얇아진 사랑의 참지 못하는 껍질은 터지었다. 그러나 터진 그 때부터 그 사랑은 귀여운 사랑이 아니었다. 사랑이 터진 후로부터 경애는 알 수 없는 무슨 괴로움을 깨달았다. 순간적의 쾌락이 언제까지든지 계속하겠지, 하고 영원한 희망을 갖고 있는 그는 그 순간이 지난 후부터 무슨 비애와 부끄러움이 그의 가슴에 닥쳐왔다. 그리하고 가장 사랑하는 자기 오라비를

속이게 되었다. 그리고 그 이튿날로 종일 눈물을 흘리게 되었다. 그는,

　　'하나님이여, 어찌하여 나를 약한 자로 세상에 오게 하셨나이까? 운
　　명의 신이여, 어찌하여 나를 이브의 후예로 나게 하였나이까? 부드
　　럽고 연한 살과 정욕을 품은 붉은 입술과 최음의 정을 감춘 두 눈과
　　끓는 피가 모다 부끄러움과 강한 자의 미끼를 위하여 만들어지지 않
　　지는 못할 것입니까?'

하고 혼자 가슴이 답답하였다.

　철하는 경애의 고백문 같은 것을 읽고 아무 말도 없이, 다만 사랑의
결과는 찢어졌구나, 그러하나 아무것도 부끄러울 것이 없지 아니한가,
부정이란 치욕만 없으면 그만이지, 영구한 사랑만 있으면 그만이지, 영
빈과 누님이 영원한 한 사람이면 그만이지. 그러나 여자는 약하다. 그
순간의 쾌락을 부끄러워서 나를 속이었고나.

　아침은 되었다. 해는 아침 안개 속으로 금색의 붉은 빛을 내려 쏟는
다. 하인들은 들락날락, 부엌에서는 도마에 칼맞는 소리가 난다. 아름
다운 아침이었다. 분주한 아침이었다.

　경애는 일어나며 철하의 방으로 갔다. 창 틈으로 자고 있는 철하를
들여다보았다. 철하는 곤하게 자고 있었다. 경애는 멀거니 공중만 바라
보며 아무 소리 없이 서 있다.

　철하는 겨우 눈을 뜨고 하품을 하였다. 창 밖에 섰던 경애는 깜짝 놀
래어 저리로 뛰어갔다. 철하는 창을 열고 경애를 바라보며,

　"왜 거기 가 계서요? 들어오시지 않고."

　그는 조금도 다른 기색이 없이 평상시와 같았다. 경애는 오히려 부끄
러워 바로 철하를 보지 못하였다.

　"무얼 그러세요, 거기 앉으시지."

　"누웠잖니?"

하며 어색한 말씨로,

"나는 니가 너무 울기만 하니까 대단히 염려가 되더라."

"염려되신다는 것은 고맙지만 어쩔 수 없는 일이지요. 그러나 아버지는 또 무엇이라셔요?"

"무얼 무어라셔, 언제든지 그렇지."

"그러세요."

하고 그는 한참 생각하듯이 고개를 숙이고 있다가 갑자기 고개를 들고,

"누님, 나는 그러면 맨 나중 수단을 쓰는 수밖에 없습니다. 내가 부모를 바라는 것이 잘못이지요. 나는 나의 하고 싶은 것을 하지 못하고 이렇게 쓸데없는 시일을 보낼 수가 없지요. 집에 있어야 울음뿐입니다."

"그러면 어떻게 한단 말이냐?"

"저는 갈 터입니다. 정처없이 가요."

"애가, 또 미친소리 하는고나. 가면 어디로 가니?"

"날더러 미쳤다고요! 흥!"

"그런 소리 말고 조금만 더 참아 보아라. 나하고 아주머니하고 어떻게든지 하여 볼 터이니 마음을 안정하고 조금만 더 참으렴. 또 네가 정처없이 간다니 가면 어디로 가니? 가다가 거지밖에 더 되니. 너만 어려웁다. 니가 무엇이 있니? 돈이 있니? 학식이 있니?"

"네, 저는 거지가 되렵니다. 거지가 더 자유스러워요, 더 행복스러워요. 지금 저는 거지 아닌 듯싶으십니까? 아버지의 밥 얻어먹고 있는 거지입니다. 그러나 마음은 항상 괴로워요. 차라리 찬밥 한 덩이를 빌어먹더라도 마음 편하고 자유로운 거지가 더 좋습니다."

그의 가슴에서는 한때 복받치는 결심의 피가 끓었다. 나는 가정을 떠날 터이다. 차디찬 가정을. 그리하고 또 되는 대로 가는 대로 흐를 터이다. 적적하게 비인 외로운 절 기둥 밑에 이슬을 맞으며 자고 한 뭉치 밥을 빌어 찬물에 말아먹고, 아아 그리운 방랑의 생활, 길가에 핀 한 송이

백합꽃이 아무러하지 않고도 그같이 고우며, 열 섬의 쌀을 참새 하나가 한꺼번에 다 못 먹는다. 불쌍한 자들아! 어리석은 자들아! 오늘 근심은 오늘에 하고 내일 근심은 내일에 하라.

아아, 어두운 동굴 속에도 나의 자리가 있고 해골에 싸인 곳에도 나의 동무가 있다. 오막살이 초가집에서도 하늘의 천사에게 향연을 베풀며 망망한 대양에 반짝거리는 어선의 등불 밑에도 달콤한 정화가 있지 아니한가? 한 방울의 물로 그 대양 됨을 알지 못하나니, 사람이 무엇으로 크다고 하며 무엇으로 제인 체하느뇨?

재산은 들고 가려느냐, 땅은 사서 메고 가려느냐. 죽어지면 개미가 엉기는 몸뚱이에 기름을 바르는 여자들아, 분바르고 기름칠하면 땅 속에서 썩지 않고 다시 산다더냐? 떠나라! 거짓에서 떠나고 사랑 없는 곳에서 떠나라! 너의 갈 곳은 이 세상 어디든지 있고, 너의 몸을 묻을 한 뼘의 작은 터가 어느 산 모퉁이든지 있느니라, 아! 갈 것이다. 심령의 오로라여, 나를 이끌라. 진리의 밝은 별이여, 그대는 어디든지 있도다. 아! 갈지라, 나는 갈지로다.

그는 이렇게 결심하였다. 그러나 그는 눈물을 아니 흘리지 못하였다. 육체인 그는, 감정의 그는 울지 아니하지 못하였다.

"누님, 저는 갈 터입니다. 삼각산 높은 봉에 쉬어 넘는 구름과 같이 가요. 붉은 해가 서산을 넘어가기만 하고 오지 않는 것같이 가요. 산 넘고 물 건너 걷기도 하고 배도 타고, 얼음 나라도 가고, 수풀 사이로 흐르는 시냇가에도 가고, 인도에도 가고, 이집트에도 가고, 예루살렘에도 가고, 이태리에도 가고, 어디든지 갈 터입니다."

이 때 하인이 편지 한 장을 갖다가 경애 앞에 놓았다. 그는 반가워 뜯어 보았다.

경애여, 그대의 오라비는 나를 욕보였다. 진실한 사랑을 의심하여 나에게 치욕을 주었다. 나는 다시 그대의 남매를 보지 않을 터이다. 그대의 오라비는 나를 의심하여, '그 여자가 누구입니까?' 하던 그 여자는 참으로 나의 정인이다. 너의 연한 살과 부드러운 입술과, 너의 육체의 아무것으로라도 흉내키 어려운 사랑의 애정인 그의 두 눈의 광채를 보라. 타는 가슴에 불이 붙는 것의 상징인 그의 뺨을 보라. 그는 참으로 산 자이다. 그러나 너는 죽은 자이다. 죽은 자는 죽은 자라야 사랑한다. 그만.

영빈

경애는 땅에 엎디어 울었다. 그는 편지를 북북 찢으며,

"예술가? 예술이 다 무엇이냐, 죽음을 저주하는 주문이냐, 마녀의 독창이냐, 보기에도 부끄러운 음화냐, 다 무엇이냐. 사랑 같은 예술이 어찌 그 모양이냐? 아 분해, 너도 예술을 다 그만두어라. 예술가는 다 악마이다. 다 고만두어라."

그는 자꾸자꾸 느껴 운다. 그는 자꾸자꾸 분한 마음이 나며 또한 옆으로 자기 누이가 그리 하는 것을 보매 실망되는 생각이 나서 마음은 자꾸 괴로워진다.

"누님, 무엇을 그러세요?"

"무엇이 무엇이냐. 나는 예술가에게 더러움을 당하였다. 속았다. 다 고만두어라, 예술가는 다 독사다, 악마다. 여호와를 속인 뱀과 같다. 다 고만두어라."

철하의 마음은 갑갑할 뿐이었다. 쉬일 새 없이 흐르는 그의 더운 피가 갑자기 꼭 막히는 듯하였다. 자기의 누님이, 가장 미더웁고 가장 사랑하는 누님이 가짜 예술가에게 독사에게 악마에게 아! 그 곱고 정한 몸을 그 순간에 더럽혔다. 아니 아니 그 순간이 아니다. 더럽힌 것이 그 순간이 아니다. 형식을 벗어난 사랑의 결과를 나는 책망하지 않는다.

그러나 영빈의 머릿속에는 벌써부터 나의 누이를 더럽히고 있었다. 보이지 않는 그의 머릿속에서는 몇만 번 나의 누님을 침상에서 맞았다. 그의 머릿속에 있던 음욕의 환영은 몇천 번인지 모른다. 아아 악마, 독사, 너는 옛적에 에덴에서 이브를 꼬이던 뱀이다. 거침없고 흠 없던 이브는 그 뱀으로 인하여 모든 세상의 괴로움을 깨달은 것과 같이 너는 나의 누님에게 고통을 주었다. 거리낌 없는 나에게 거짓말을 하게 되었다. 인생의 모든 것을 저주하게 되었다.

철하의 가슴은 갑자기 무엇이 터지는 듯하였다. 모였던 눈물이 터지는 듯하였다. 막혔던 피는 다시 높은 속도로 돌았다. 그의 천칭의 중심 같은 신경은 그의 뜨거운 피의 몰려가는 자극을 받아 한없이 흥분하였다. 그는 갑자기,

"누님!"

하고 부르짖으며,

"누님은 예술을 욕보였습니다. 예술이란 것이 어떠한 뭉치로나 부분의 한 개로 있는 것이 아니야요. 생이 있을 때까지는 예술이 없어지지 않아요. 아아, 누님은 생의 모든 것을 욕보였습니다. 누님은 누님 자기를 욕하고 가장 사랑하는 아우를 욕하고……. 아아, 나는 참으로 그 말을 그대로 듣고 있을 수 없어요. 나의 목을 누르는 듯한 누님의 말을 그대로 듣고 있을 수는 없어요. 아아, 내가 독사 악마라면 누님은 나보다 더 무엇이라 할 수 없는 요녀입니다. 사람의 육체를 앙상한 이빨로 뜯어먹는 요녀예요. 무덤 위로 방황하는 야차*입니다. 아아 나의 가슴은 터지는 듯해요. 가슴에 뛰는 심장은 악마의 칼로 찌르는 듯해요. 아아, 어찌하면 좋을까요, 누님……, 네……."

경애는 자기 오라버니의 갑갑하여 어찌할 줄 모르는 것을 보고, 그가

---

* 야차(夜叉) 사나운 귀신의 하나.

엎드러져 가슴을 문지르며 우는 것을 보고, 또 자기에게 원망하는 듯하는 소리에 말하기 어려운 비애가 뭉친 것을 보고, 어디까지 여성인 그는 인자가 가득 찬 무엇이라 말할 수 없는 원망과 슬픔과 사랑과 어짊이 뒤섞인 마음이 생기어 그의 오라비를 눈물 고인 눈으로 바라보았다. 물끄러미 아무 말 없이 쳐다보는 그의 눈에는 사랑의 빛이 찼다. 그의 눈물이 하얀 뺨을 흘러떨어질 때마다 그는 침을 삼키며 한숨이 가슴에 복받친다. 그는 메어 가는 목소리로,

"철하야, 다 고만두자, 지나간 일은 잊어버리자, 나는 전과 같이 너를 사랑할 터이다. 나는 또다시 너를 속이지 않을 터이다. 아아, 그러하나 나는 분해, 참으로 분해……."

"모두 다 한때의 감정이지요. 그러나 누님, 분해하는 누님을 보는 나는 더 분해요. 저는 누님보다 더 분해요……. 에……나는 그대로 참지는 못하겠어요. 참지 못해요. 내가 죽어 없어지기 전에는 참지 못해요. 그놈이 나의 누님의 원수라함보다도 나의 원수입니다. 그놈은 예술을 욕보였습니다."

철하는 자기 누이의 사랑스러운 항복을 받고 갑자기 마음이 더욱 흥분되었다. 그리고 벌떡 일어났다.

"아녜요, 가만히 있을 수 없어요."

그의 누이는 그의 옷자락을 잡으며,

"어디를 가니?"

"놓서요, 그놈은 그대로 두지 못해요. 독사 같고 악마 같은 놈을 그대로 둘 수는 없어요. 나의 손에 주정이 타는 듯한 날카로운 칼은 없지마는 그놈의 가슴을 이 손으로라도 깨뜨려 버릴 터입니다. 놓서요, 자, 놓서요."

경애의 손은 떨리며 나지막한 소리로 애원하는 정이 뭉친 듯하게 그를 쳐다보며,

"이애, 왜 이러니, 그렇게 감정적으로 하면 안 된다. 자 참아라. 참아……."

"그러면 누님은 나보다도 나의 생명보다도 영빈의 그 악마의 생명을 더 아끼십니까, 안 됩니다. 안 돼요."

경애의 마음은 어디까지 사랑스러웠다. 그의 마음에는 오히려 지나간 흔적이 남아 있었다. 부질없는 지나간 때의 단꿈의 기억은 오히려 영빈을 호의로 의심하게 되었다. 자기의 불행을 조금 더 무슨 희망과 서광이 보이는 듯이 인정하게 되었다. 아무렇기로 영빈 씨가 그리하였으랴. 그것은 무슨 잘못된 일이 아닌가? 하였다. 그리고 어떠한 때에는 자기 오라비에게 대한 사랑이 영빈의 그것과 대조하여 미치지 못하는 점이 있었다. 철하는 아주 냉담하게,

"저는 일어섰습니다. 누님을 위하여 일어섰으며 예술을 위하여 일어섰습니다. 저는 다시 앉을 수는 없어요."

"이애, 너는 나를 위하여 한다 하면서 그러면 어째 나의 애원을 들어주지는 않니! 자 —— 앉아라, 앉아. 너무 그리 급히 무슨 일을 하다가는 무슨 오해가 생기기 쉬우니라. 응!"

"앉을 수 없어요. 만일 누님이 영빈이를 위하여 나에게 한 번 일어선 마음을 꺾으라 하면 아 —— 네 알았습니다. 영빈에게는 가지 않겠습니다. 영빈을 위하여 가지 않는 것이 아니라 나의 누님을 위하여……."

"아아 정말 고맙다. 그러면 여기 앉아라."

"그렇다고 앉지는 못해요, 나는 일어선 사람입니다. 혈기있는 청년예요. 나는 누님을 위하여 나의 몸을 바칠 터입니다. 자 —— 놓서요, 저는 저 가고 싶은 곳으로 갈 터입니다. 자 —— 놓서요."

경애는 어찌할 줄 몰랐다. 그는 철하의 옷자락을 어리광도 같고 원망하는 것도 같이 잡아당기며 거기 매달려 한참 엎디어 소리를 내어 울었다. 그 꼴을 보는 철하의 마음은 괴로웠다. 눈물은 한없이 흘렀다.

"누님, 그러면 어떻게 해요, 갈 수도 없고 있을 수도 없고, 어떻게 하란 말씀이요!"

"나는 어떻게 해야 좋을지 모르겠다. 그러나 너를 놓아 줄 수는 없어. 놀 수는 없어."

철하는 그대로 사라져 버렸으면 하였다. 그러나 자기 누님의 눈물과

한숨을 보면 볼수록 자기의 마음은 약하여졌다. 철하의 결심은 식어 버리기 시작하였다. 그는 아주 단념한 듯이,

"그러면 놓서요, 저는 다 —— 고만두겠습니다. 안 갈 터입니다……."

그가 다시 자기 책상 앞에 가서 '아하' 하고 한숨을 쉬고 팔을 모으고 고개를 대고 엎드리려 할 때 하인이 창을 열고,

"아가씨, 마님이 좀 들어오시라고요."

하고 의심스럽고, 호기의 웃음을 띠우고 쳐다본다. 경애는 눈물을 씻고 아무 소리없이 나간다.

그의 몸을 슬쩍 돌릴 때에 그의 희고 고운 옷자락이 바람에 슬쩍 날리어 그의 부드러운 육체의 윤곽이 선명하게 철하 눈에 보였다. 아아, 정욕! 그는 고개를 다시 내려 엎드려 책상 위에 엎드렸다. 그는 자꾸 울었다. 방 안은 고요하다. 그 때는 철하의 머릿속에는 아무 의식도 없었다. 그는 깜박 잠이 들었다.

그는 고개를 땅에 대고 엎드려 있었다. 사면은 다만 지평선밖에 보이지 않는 넓고 넓은 사막이었다. 아무것도 보이지 않았다. 저 쪽 우묵히 들어간 곳에는 도적에게 해를 당한 행려*의 주검이 놓여 있다. 어디서인지도 모르게 괴수의 울음소리가 들린다. 멀리 두어 개 종려나무*가 부채 같은 잎사귀를 흔들었다. 적적하고 두려운 생각을 내는 적막한 것이었다.

그의 눈물은 엎디어 있는 팔 밑으로 새어 시내같이 흘렀다. 그는 목이 마르고 가슴이 답답하였다.

두려움이 생겼다. 조금도 눈을 떠 다른 곳을 못 보

* 행려(行旅) 나그네.
* 종려나무 종려나뭇과의 늘푸른 큰키나무. 가지는 없고 부채 모양 잎은 줄기 끝에서 뭉쳐 난다.

종려나무

앉다. 지나가는 바람 소리가 날 때 그의 머리끝은 으쓱으쓱하여지고 귀신의 날개치는 소리가 아닌가 하였다.

그러나 그의 울음은 그치지 않았다. 그의 울음은 극도의 무서움까지라도 그치게 하지 못하였다. 그는 자꾸 울었다.

그 때 하늘 구름 사이로 황금 빛이 나타났다. 온 사막은 기꺼움의 광채로 가득 찼었다. 도적에게 맞아 죽은 주검까지 전신에 환희의 광채가 났다. 그 구름 위에는 이천 년 전에 갈보리 산 위에서 십자가에 돌아간 예수의 인자한 얼굴이 나타났다.

웃지도 않는 얼굴에는 측은하여 하는 빛과 사랑의 빛이 찼다. 그는 곧바로 철하의 엎디어 있는 공중 위에 가까이 왔다. 그는 한참 철하를 바라보더니 그의 바른손을 들었다.

그의 못박힌 자국으로부터는 붉은 피가 하얀 구름을 빨갛게 적시며 철하의 머리털 위에 떨어졌다. 그리고 다시 하얀 모래 위에 발갛게 물들인다. 그 때 모든 천사는 예수를 찬송하는 노래를 불렀다. 구름과 예수와 천사들은 다 사라졌다.

철하는 고개를 들어 쳐다보았다. 그러나 아무 위안을 주지 못하였다. 모래 위의 피는 다 사라졌다.

마음은 여전히 괴롭고 두려웠다. 그는 다시 엎드렸다. 어느덧 공중에 달이 솟았다. 온 사막은 차고 푸른 빛으로 덮히었다. 지평선 위 공중에서는 별들이 깜박거리었다. 아주 신비의 밤이었다.

어디서인지 장고와 피리 소리가 들리었다. 그 소리는 아주 향락적 음악을 아뢰었다. 그 때 저 쪽 어둠 속에서 아주 사람이 좋은 듯이 싱글싱글 웃는 마왕 하나가 피리와 장고의 곡조에 맞추어 덩실덩실 춤을 추며 이리로 가까이 왔다.

그의 몸에는 혈색의 옷을 입었다. 그가 밟는 발자국 밑 모래 위에는 파란 액체가 고였다. 그는 달님과 별님에게 고개를 끄덕 인사를 하고

철하 앞에 와서 넘실넘실 춤을 추었다. 그는 유창하게 크게 웃었다. 아
주 낙환의 마왕이었다.

"하…… 하."

　　빙글빙글 웃는 달
　　나의 얼굴 밝히소서
　　첫날 저녁 촛불 밑에
　　다홍치마 입고서
　　비스듬히 기대앉아
　　아무 소리 아니하고
　　신랑의 얼굴만
　　곁눈으로 흘겨보는
　　새색시의 얼굴 같은
　　달님의 얼굴빛을
　　나는 보기 원합니다.

　　쌍긋쌍긋 웃는 별님
　　홍등촌 사창 열고
　　바깥 보고 혼자 서서
　　지나가는 손님 보고
　　치마꼬리 입에 물고
　　가는 허리 배배 꼬며
　　푸른 웃음 던지면서
　　부끄러워 창 톡 닫고
　　살짝 돌아 들어가는
　　빨간 사랑 감춘

웃는 아씨 그것같이
나에게도 그 웃음을
던져 주기 비옵니다.
하하하 하하하하

하늘 위에 흐르는 물
은하수가 되었세라
인간에는 물이지만
하늘에는 술뿐이라
쉬지 않고 흐르는 술
인간에도 들어부어
눈물없는 이 마왕과
한숨없는 이 마왕과
원망없는 이 마왕과
거짓없는 이 마왕과
웃음뿐인 이 마왕과
즐거움만 아는 나와
꿈 속에서 아찔하게
영원토록 살려 하는
이 마왕의 모든 친구
모다 모시게 하옵소서
하하하하 하하하하하

　마왕은 철하 귀에 입을 대이고,
　"철하."
하고 아주 유혹하듯이 나지막한 목소리로 불렀다.

"철하, 일어나게. 근심은 무엇이고 눈물은 왜 흘리나. 나는 여태껏 그 것을 몰라. 자, 일어나게. 내 그 눈물과 근심을 다 없이할 것을 줄 터 이니."

철하는 가만히 눈을 들어 보았다. 그는 조금 주저주저 하였다.

"하하, 철하 그대는 나를 알 터이지, 어여쁜 처녀의 붉은 입술같이 언 제든지 짜르르하게 타는 달콤한 '술의 마왕'을! 자 —— 나의 동무가 되라. 나와 사귀면 근심을 모르는, 눈물을 모르는 어느 때든지 저 달 님과 별님과 같이 될 것이라. 자, 나와 같이 '술의 노래'를 부르며 춤 추고 놀아 보자. 하하하하하 하하하하하."

철하는 그의 손을 잡고 일어섰다. 마왕은 자기 발자국에 고이는 파란 빛의 액체를 철하에게 먹였다. 철하는 모든 근심, 모든 괴로움을 잊어 버리게 되었다. 그리하고 마왕과 함께 춤을 덩실 추었다. 그리하고 그 의 가슴에서는 뜨거운 정욕만 자꾸자꾸 일어났다. 그의 입술은 점점 붉 어지고 온 전신은 열정으로 타는 듯하였다. 그는 부끄러움도 잊어버리 고 옷을 벗었다.

그 때에 누구인지 보드랍고 따뜻한 손으로 그의 손을 잡는 자가 있었 다. 그의 가슴에 정욕은 더 높아졌다.

그는 돌아다보았다. 철하 뒤에는 눈썹을 푸르게 단장하고 가슴의 유 방을 내어 보이며 입에는 말하기 어려운 정욕의 웃음을 띠우고 푸른 달 빛을 통하여 아지랑이 같은 홑옷 속으로 타는 듯한 육체의 말할 수 없 는 부드러운 대리석 같은 살의 윤곽을 비추었다. 그의 벗은 발 밑에서 는 금강석 같은 모래가 반짝였다.

철하의 가슴 속의 붉은 심장은 가장 높은 속도로 뛰었다. 그가 마왕 에게 취한 게슴츠레한 눈으로 사랑의 이슬이 스미는 듯한 그의 입술을 바라볼 때 그는 알지 못하게 그 여자의 뭉클하고 부드러운 유방을 껴안 았다. 그는 타는 듯한 입을 맞추었다. 초자연의 순간이었다. 그 때 또다시 유창한 마왕의 웃는 소리가 들리었다.

"하하하하 하하하하하."

철하는 꿈같이 몇 시간을 보내었다. 이 때 멀리 새벽을 고하는 종소리가 들리었다. 마왕과 그 여자는 깜짝 놀래어 손을 마주잡고 여명 속에 숨어 버리었다. 달은 서쪽 지평선 저 쪽으로 넘어가며 얼굴이 노한 듯 불쾌하여 철하를 흘겨보는 듯하였다.

별들은 눈을 비비는 듯하였다. 철하는 혼자 남아 있다가 다시 엎디었다. 마음은 시끄러웠다.

아아, 사랑스러운 새벽 빛이 동편 지평선의 저 쪽으로 새어 들어왔다. 하늘은 파르스름하게 개었다.

그는 어디서 오는 것인지 길고도 그윽한 정신을 취하게 하는 바이올린 소리를 들었다. 천애 저 쪽으로부터 들려오는 음악 소리에 화하여 처녀의 조금도 상치 않은 목소리가 들렸다. 그러나 그 소리가 어디서 오며 어디로 가는지 몰랐다. 그 때 철하는 눈물을 흘리며 멀리 저 쪽 하늘 끝을 바라보았다.

그 음악 소리는 산을 넘고 물을 건너 한없이 왔다. 그 보이지 않는 음악 소리는 처음에는 아지랑이같이 희미하게 보이게 변하고 또 그 다음에는 여름에 지평선 위로 떠오르는 흰구름 같은 것으로 변하고 나중에는 육체를 가진 여신으로 변하였다.

그는 사막 위로 걸어 철하에게로 가까이 왔다. 철하가 그 여신의 빛나는 눈을 볼 때 아아, 모든 근심과 눈물은 사라졌다. 자기가 그 여신 같기도 하고 여신이 자기 같기도 하였다. 그러나 그 여신의 눈에는 눈물이 있었다. 새로운 아침 빛이 그것을 비추었다.

음악의 여신은 아무 말도 없었다. 그는 다만 철하의 손을 잡고 물끄러미 쳐다볼 뿐이었다. 그 여신은 감정적인 여신이었다. 그의 눈에서는 눈물이 자꾸자꾸 흘렀다.

그 눈물은 철하의 손등에 떨어졌다. 그 여신은 철하를 껴안고 어머니가 어린 자식을 어루만지듯 하였다. 철하는 그 여신을 단단히 쥐었다. 그러나 그 여신은 돌아가려 하였다.

철하는 놓치지 않았다. 그 때 여신의 몸은 구름같이 변하고 아지랑이같이 변하고 보이지 않는 소리로 변하였다. 그리고 저 쪽 지평선으로 넘어갔다. 철하는 여신의 사라진 손만 쥐고 있었다. 그는 다시 엎드려 울었다.

철하가 눈을 떴을 때에는 그 여신을 잡았던 손에 자기 누이의 고운 손이 잡혀 있었다. 자기 누이는 자기 손을 잡고 그 위에 눈물을 뿌리고 있었다.

행랑 자식

1

어떠한 날, 춥고 바람 많이 불던 겨울밤이었다. 박 교장의 집 행랑에서 글 읽는 소리가 나더니 꺼져 가는 촛불처럼 차츰차츰 소리가 가늘어 간다.

그러다가는 다시 옆에서 어린애 입에 젖꼭지를 물리고서 졸음 섞인 꽥 지르는 소리로,

"어서 읽어!"

하는 어머니 소리에 다시 글 소리는 굵어진다.

나이는 열두 살. 보통 학교 4년급에 다니는 진태라는 아이니 그 박 교장의 집 행랑 아범의 아들이다.

왱왱 외우던 글 소리는 단 이 분이 못 되어 다시 사라졌다. 그리고는 동리집 시계가 열한 시를 치는 소리가 들리더니 사면은 고요하였다.

2

이튿날 날이 밝은 뒤에 보니까 온 마당, 지붕, 나뭇가지에 눈이 함박같이 쏟아졌다. 그런데 아직까지도 눈이 다 그치지 않고 보슬보슬 싸라기눈이 내려온다.

진태는 문 뒤에 세워 놓았던 모지랑비*를 들고 나섰다. 처음에는 새로 빨아 펼쳐 놓은 하얀 요 위에 뒹구는 것처럼 몸 가벼웁고, 마음 상쾌한 기분으로 빗자루를 들었으며 모지랑비와 약한 자기 팔로써 능히 그 많은 눈을 쳐 버릴 줄 알았으나 두어 삼태기*를 가까스로 퍼 버리고 나니까 팔이 떨어지는 것 같고 허리가 부러지는 듯하였다. 그러나 아니 칠 수는 없었다. 날마다 아침에 일어나서 마당을 쓰는 것이 자기의 직분이다.

어머니는 안으로 밥을 지으러 들어가고 아버지는 병문으로 인력거를 끌러 나갔다.

한두 삼태기를 개천에 부은 후에 다시 세 삼태기를 들고서 낑낑하면서 개천으로 간다.

두 손끝은 눈에 녹아서 닭 튀해 뜯을 때 발 허물 벗겨 내듯 빠지는 듯하고 발끝은 저려서 토막을 내는 듯하다.

그는 발을 억지로 옮겨 놓았다. 눈 들은 삼태기가 자기를 끌고 가는 듯하다. 그렇게 그가 길 중턱까지 갔을 때 그의 팔의 힘은 차차 없어지고 다리에 맥이 확 풀리었다. 그래서 그는 손에 들었던 눈 삼태기를 탁 놓치었다. 그러자 누구인지,

"이걸 좀 봐라."

하는 어른의 호령 소리가 바로 자기 머리 위에서 들리자 고개를 쳐들고

---

* **모지랑비** 끝이 다 닳은 비.
* **삼태기** 대오리·짚·싸리 등으로 엮어 흙·거름 따위를 담아 나르는 그릇.

보니까 교장 어른이 아침 일찍이 어디를 다녀오시다가 발등에다가 눈을 하나 잔뜩 덮어쓰시고 역정 나신 얼굴로 자기를 내려다보고 계시다. 진태는 그만 얼굴이 홧홧하여졌다.

그리고 아무 말도 못하고 그대로 멀거니 서 있었다. 그는 무엇으로 그 미안한 것을 풀어야 좋을지 알지 못하였다. 그러다가 하얀 새 버선에 검은 흙이 섞인 눈이 묻어 있는 것을 보고서 자기의 손으로 그것을 털어 드리면 얼마간 자기의 죄가 용서되리라 하고서 허리를 구부려 두 손으로 그 버선등을 털어 드리려 하였다. 그러나 교장은 한 발을 탁 구르시더니,

"고만두어라. 더 더럽힌다."
하시고서,

"엥!"
하시며 안으로 들어가시었다. 진태는 무참하였다. 손에는 어제 저녁에 습자 쓰다가 묻은 먹이 꺼멓게 묻어 있다. 털어 드리면 잘못을 용서하실 줄 알았더니 더 더러워진다 핀잔을 주시고 역정을 더 내시는 것 같다. 그래서 그는 어떻게 해야 좋을지 알지 못하여 그대로 멀거니 서 있었다. 무안을 당하여 얼굴도 홧홧 하고 두 손에서는 불이 난다.

그래서 그는 안으로 들어가지 못하고 행랑 자기 방으로 들어가는데 안마루 끝에서 주인 마님이,

"아 그 애녀석도, 눈이 없는가? 왜 앞을 보지 못해?"
하는 소리를 듣고서는 쥐구멍으로라도 들어가 버리고 싶도록 온몸이 움츠려졌다. 그리고는 자기 뒤로 따라나오며 주먹을 들고서 때리려 덤비는 자기 어머니가,

"이 망할 녀석, 눈깔을 엇다 팔아먹고 다니느냐?"
하고 덤비는 듯하여 질겁을 하여 방 안으로 들어갔다.

아니나다를까, 조금 있더니 보기 싫은 젖퉁이를 털럭털럭하면서 어

머니가 쫓아나왔다.

"이 망할 녀석, 눈깔이 없니? 나리마님 새 버선에다가 그것이 무엇이냐? 왜 그렇게 질뚱바리*냐, 사람의 자식이."

어머니는 그래도 말이 적었다. 그리고는 곧 다시 안으로 들어갔다.

진태는 간이 콩알만하게 무서운 것은 둘째 쳐 놓고, 웬일인지 분한 생각이 난다. 아무리 생각을 하여도 자기 잘못 같지는 않다. 자기가 눈 삼태기를 들고 가는데 교장 어른이 딴 생각을 하면서 오시다가 닥달린 것이지 자기가 한눈을 팔다가 그리 한 것은 아니다.

그래서 웬일인지 호소할 곳이 없어 그는 그대로 방바닥에 엎드러졌다. 그리고는 고개를 두 팔로 얼싸안고 자꾸자꾸 울었다. 그는 눈물이 방바닥에 떨어지는 것을 알았다. 샷자리* 깐 그 밑으로 흙내가 올라오는 것을 알았다. 그리고는 어머니도 걱정을 하고 아버지도 걱정을 할 터요, 더구나 아버지가 이것을 알면 돌짝 같은 손에 얻어맞을 것을 생각하매 몸서리가 난다. 그는 신세 한탄할 문자를 모르고 말도 모른다. 어떻든 억울하고 분하였다. 그렇다고 어디 가서 호소할 데도 없었고 분풀이할 곳도 없었다.

그는 방바닥에 한참 엎드려서 느껴 가면서 울고 있을 때 방문이 펄석 열리었다. 그는 깜짝 놀랐으나 돌아보지도 않았다. 그의 생각에는 그 문 여는 사람이 어머니려니 하였다. 그래서 약한 마음에 이렇게 우는 것을 보면 어머니는 나를 위로하여 주려니 하였다. 그래서 어머니가 일어나라고 하기만 기다렸다.

그러나 한참 아무 소리가 없더니,

"애!"

하고 험상스럽게 부르는 사람은 자기 아버지다. 그는 위로를 받기는커

---

* **질뚱바리** 행동이 느리고 소견이 꼭 막힘.
* **샷자리** 갈대를 엮어서 만든 자리.

녕 벼락이 내릴 것을 그 찰나에 예감하였다. 그는 눈물이 쏙 들어가고 온몸이 선뜩하였다.

　이번에는 꽥 지르는 소리로,

　"얘, 일어나거라, 이것아."

하는 아버지의 성난 얼굴이 엎드린 속으로 보인다. 그는 그러나 벌떡 일어나지는 못하였다. 자기 눈 가장자리에는 눈물이 묻었다. 그 눈물을 보며는 반드시 그 우는 곡절을 물을 터이다. 그 대답을 하면 결국은 벼락이 내릴 터이다. 그래서 일어나지도 못하고, 그대로 있지도 못하고 그의 가슴은 초조하였다.

　두 발이 성큼 방 안으로 들어오는 듯하더니 무쇠 갈고리 같은 손이 자기 저고리 동정을 꿰뚫어 번쩍 쳐들었다. 그는 쇠관에 매달린 쇠고기 모양으로 반짝 들렸다.

　"울기는 왜 우니?"

하는 그의 아버지도 자식 우는 것을 볼 때 어떻든 그 눈물을 동정하는 자정이 일어나는지 목소리가 조금 낮아지며 또는 웃음이 섞이었으니 그것은 그 눈물 나는 마음을 위로하려는 본능이다.

　"왜 울어?"

　대답이 없다.

　"글쎄, 왜 우니?"

　가슴이 타나 대답할 수는 없었다.

　"엄마가 때려 주든?"

　진태는 고개를 흔들며 느껴 울었다.

　"그러면 왜 우니? 꾸지람을 들었니?"

　"안……요."

　진태는 다시 고개도 흔들지 않았다.

　"그럼 왜 울어. 말을 해."

아버지는 화가 나는 것을 참았다. 그리고는,

"이 자식아! 말을 해라. 왜 벙어리가 되었니? 말이 없게!"

하고서는 무슨 생각을 하였는지 여러 번 타일러 보다가,

"웬일야!"

하고 혼자말을 하더니 바깥으로 나간다. 그것은 근자에 볼 수 없는 늘어진 성미였다. 아마 어멈에게 물어 볼 작정이었던 것이다.

아범은 문 밖으로 나갔다. 그러더니 다시 들어오며,

"삼태기 어쨌니? 응 삼태기?"

하며 안팎으로 들락날락하는 서슬에 안부엌에서 어멈이 설거지를 하면서,

"왜 아까 진태가 마당을 쓴다고 가지고 나갔는데."

하고,

"걔더러 물어 보구려."

한다. 아범은 화가 나는 듯이,

"그런데 쭉쭉 울고 있으니 무엇이라고 그랬나?"

하며 어멈을 본다.

그러자 안마루에서 마님이 무엇을 보다가 운다는 소리를 듣더니 미안한 생각이 났던지,

"아까 눈인가 무엇인가 친다고 나리마님 발등에다가 눈을 쏟아뜨렸다네. 그래서 어멈이 말 마디나 한 것인 게지."

아범의 눈은 실룩해졌다. 그리고는 잡아먹을 짐승에게 덤비려는 호랑이 모양으로 고개가 쓱 내밀리더니 어깨가 으쓱 올라간다. 그리고는 아무 말 없이 바깥 행랑으로 나간다.

바깥으로 나온 아범은 다짜고짜로 방문을 열어 젖혔다. 그의 생각에는 주인 나리의 발등에 눈 엎은 것은 오히려 둘째이다. 삼태기 하나 잃어버린 것이 자기 자식을 쳐 죽이고 싶도록 아깝고 분하고 망할 자식이다.

"이 녀석!"

자기 아들을 움켜잡았다.

"이리 나오너라."

진태는 두 손 두 다리를 가슴에다 모으고서 발발 떨면서 자기 아버지만 쳐다본다.

"이 망할 자식, 울기는. 애비를 잡아먹었니, 에미를 잡아먹었니? 식전 아침부터 홀짝홀짝 울게."

하더니 돌덩이 같은 주먹이 그의 등줄기를 보기 좋게 울리었다.

"에그 아버지, 에그 아버지!"

하며 볶아치는 소리가 줄을 대어 나왔으나 그 뒷말은 없었다. 매를 맞는 진태도 잘못했습니다를 조건없이 할 수는 없었다.

"뭐야, 아버지? 이 녀석, 이 망할 자식!"

하고서는 사정없이 들이 팬다.

울고, 호령하는 소리가 야단스럽게 나니까 어멈이 안에서 뛰어나오며,

"인제 고만두, 고만둬요. 요란스럽소."

하고 만류를 한다.

"이게 왜 이래. 가만 있어. 저리 가요."

하고 팔꿈치로 뿌리치고는,

"이놈아, 그래 눈깔이 없어서 나리마님 버선에다가 눈을 들이 부어 놓고 또 무엇에 마음이 팔려서 삼태기를 밖에다가 놓아 두어 잃어버리게 했니? 응, 이 집안 망할 자식!"

아범의 손이 자기 아들의 볼기짝, 등어리, 넓적다리 할 것 없이 사정없이 때릴 때마다 어린 살에는 푸르게 멍이 들고 피가 맺힌다.

그럴 때마다 눈앞에서 자기 손에 매달려 애걸하는 자기 아들이 보이지 않고 안방 아랫목에 앉아 있는 주인 나리가 보인다. 그리고는 자기

아들을 때리는 것 같지 않고 자기 주인 나리를 욕하고 원망하고, 주먹질하고 싶었다.

"인제 고만 좀 두."

하는 어멈은 자식을 가로챘다. 그래 가지고는 다시 자기 아들을 끼어안았다.

3

그 날 해가 세 시나 넘어 네 시가 되었다. 진태는 학교에 다녀왔다. 앞대문을 들어오려다가 보니까 새로이 삼태기 하나를 사다 놓은 것이 눈에 띄었다. 싸리나무로 얽은 누렇고 붉은 삼태기를 볼 때 그의 매맞은 자리가 다시 아프고 얼얼하다.

툇마루에 걸터앉으니까 어머니는 상에다 밥을 차려 가지고 방으로 들어오라고 부른다. 방 안에는 모닥불이 재만 남았는데 인두 하나가 꽂혀 있고, 또는 다 삭은 화젓가락과 부삽 하나가 꽂혀 있다.

어머니는 누더기 천에다가 작년에 낳은 어린애를 안고서 젖을 먹인다. 어린애는 젖꼭지를 물고서 입을 오물오물 하면서 한 손으로 다른 쪽 젖꼭지를 만진다.

진태는 그 동생을 볼 때 말없이 귀여웠다. 그래서 손가락으로 볼따구니도 건드려 보고, 엇구 엇구 혓바닥 소리를 내어서 얼러 보기도 하였다.

어린애는 방싯 웃었다. 그리고는 젖꼭지를 쑥 빼고서 진태를 돌아다보았다.

어머니는 침착한 얼굴로 어린애의 손가락만 만지고 있더니,

"옛다."

하고 어린애를 내밀면서,

"좀 업어 주어라."

하고서 어린애를 곤두세운다. 그러자 진태는,

"밥도 안 먹고?"

하고 밥을 얼른 먹고서 어린애를 업었다. 그러나 진태의 집에는 아직 밥을 짓지 않았다. 어머니는 안에 들어가 밥을 지으려 하기는 해도 우리 먹을 밥은 지으려 하지 않는다.

진태는 어머니가 안으로 들어간 후 어린애를 업고서 방 안으로 왔다 갔다 하면서 밥을 짓지 않으니 아마 쌀이 없나 보다 하였다. 그리고는 아버지가 얼른 돌아와야 할 것이라 하였다.

진태는 뚫어진 창 틈으로 바깥을 내다보면서 아버지가 혼자 인력거를 끌어서 쌀 팔 돈을 가지고 오지나 않나 하고서 고대하였다.

그래도 미심하여서 그는 쌀 넣어 두는 항아리를 들여다보았다. 들여다보니까 겨 묻은 쌀 바가지가 시꺼먼 항아리가 콩 비인 데 들어 있을 뿐이다. 진태는 힘없이 뚜껑을 덮고서 섭섭한 마음으로 방 안을 왔다갔다 하였다. 어린애는 등에서 꼼지락꼼지락 하고서 두 발을 비빈다.

"오늘도 또 밥을 하지 못하는구나."

하고서 펄럭펄럭하는 문을 열고 쪽마루로 내려왔다.

내려와서는 냄비가 걸려 있는 아궁이 밑을 보았다. 거기에는 타다 남은 푼거리* 장작이 두어 개 재 속에 남아 있다. 그는 다시 장작을 갖다 놓아 두는 부엌 구석을 보았다. 부스러기 나무도 없다.

바람이 불어서 쓸쓸스러운 행랑의 씻은 듯한 살림살이를 핥고 지나가고 으슴츠름하게 어두워 가는 저녁날은 저녁 못 지을 것을 생각하고 섭섭한 감정을 머금은 진태의 어린 마음을 눈물나게 한다.

조금 있다가 어머니는 허둥지둥 나왔다. 아마 부엌에 불을 지피고 나온 모양이다. 진태의 눈에는 아궁이에서 타나오는 장작불을 한 발로 툭

---

*푼거리 땔나무, 또는 다른 물건을 조금씩 묶어서 몇 푼어치씩 팔고 사는 일.

툭 차넣던 어머니의 짚세기 발이 보인다.

어머니는 나오면서 등에 업힌 어린애를 보더니,

"에그 추어! 저런, 무엇을 좀 씌워 주려므나."

하고서,

"남바위* 어쨌니? 손이 다 나왔구나."

하더니 방으로 들어가 진태가 돌에 쓰던 것이니까 십 년이나 되는 남바위를 들고 나온다. 털은 다 떨어지고, 비단은 다 삭았다.

그것을 어린애를 씌워 주고 어머니는 다시 문 밖을 내다보고 오 분이나 서 있었다. 진태는 그 서 있는 의미를 짐작하였다. 아버지 돌아오시기를 기다리는 것이라.

그러다가 어머니는 갑자기 덜미에서 누가 딱 하고 놀라는 것처럼 깜짝 놀라며 다시 안으로 들어가려고 돌아섰다. 그 때 진태는,

"저녁 하지 않우?"

하고서 어머니 뒤를 따라 들어갔다. 어머니는 화가 나고 초조하던 판에,

"밥도 쌀이 있고 나무가 있어야지."

하고 소리를 꽥 지른다.

진태에게 업혀 있던 어린애가 깜짝 놀라며 와 운다. 진태는 어린애를 주춤주춤 추슬러 달래면서 아무 말 못하고 섰었다. 어머니는 다시 안으로 들어갔다. 진태도 따라 들어갔다. 그리고는 부엌 앞에 앉아서 불을 넣고 앉았었다.

4

날이 어둡고 전깃불이 켜졌으나 밥을 짓지 못하였다.

---

* 남바위 추울 때 머리에 쓰는 것으로 앞은 이마를 덮고 뒤는 목과 등을 내리 덮음.

그리고 아버지도 아직 돌아오지를 않는다. 진태 어머니가 상을 차려 드리고 바깥으로 나오려고 하니까 마님이,

"어멈."

하고 부르신다.

"네."

하고서 어멈은 문을 열려다가 다시 돌아다보았다.

"오늘 저녁을 하였나?"

어멈은 조금 주저주저하다가,

"먹을 것 있어요."

하고서 부끄러운 웃음을 웃었다.

"아범 들어왔나?"

"아직 안 들어왔에요."

"그럼 저녁도 짓지 못하였겠네그려."

어멈은 아무 말도 없었다. 마님은 벌써 알아채고서,

"그래서 되겠나? 어린것들이 치워서 견디겠나."

하고서,

"자, 이것이나."

하고서 상 끝에 먹다 남은 밥을 이 그릇에서 저 그릇으로 모두어 놓으면서,

"그놈도 들어오라구 그래. 불도 안 땐 모양이지? 추워서들 견디겠나. 어른은 괜찮겠지마는 어린애들이……."

하고서,

"어서 그놈도 들어오라고 해."

하며 어멈을 쳐다본다. 어멈은 다행히 여겨 바깥으로 나오며,

"애, 진태야!"

하며 진태를 부른다.

"왜 그러세요?"

진태는 문 밖에 섰다가 문 안으로 들어오며 묻는다.

"들어가자!"

"어디로?"

"안으로 말야. 마님이 밥 먹으러 들어오라신다."

진태의 얼굴은 당장에 새빨개지더니,

"왜 아버지 들어오시거든 밥을 지어 먹지."

"어디 들어오시니."

"언제든지 들어오시겠지."

"들어가. 부르시니……."

진태는,

"싫어요."

하고서 돌아섰다.

진태의 마음에는 아까 아침에 나리의 버선등을 더럽힌 것을 생각하매 다시 마님의 낯을 뵈옵기도 부끄럽거니와 아무것도 잘못한 것이 없는데 아버지에게 매를 맞게 한 것이 분하기도 하였다. 그런데다가 안방에는 자기와 동갑되는 교장의 딸이 자기와 같은 학교 여자부에 다니는데 그 계집애 보기에 매맞은 것이 부끄럽다.

"얘, 나중에는 별소리를 다 듣겠네. 어서 들어가자."

어머니는 재촉을 한다.

"어서 들어가."

진태는 심술궂게,

"싫어요. 나는 밥 얻어먹으러 들어가기는 싫어요."

하고 소리를 질렀다.

"빌어먹을 녀석. 기다리셔, 안에서."

"기다리시거나 말거나 나는 안 들어가요."

어멈 마음에도 자기 아들의 말하는 것이 잘못이 아니었다. 그리고 꾸짖기는 고사하고 동정할 만한 일이었으나 그래도 당장에 배고파할 것과 또는 자기도 밥을 먹어야지마는 어린애 젖을 먹일 것이다. 그래서 자기 아들의 굳은 의지를 어머니 된 위력으로 꺾지 않을 수 없었다.

"안 들어갈 터이냐?"

그 말을 하고 부지깽이를 찾는 척할 때 그는 웬일인지 하지 못할 짓을 하는 비애를 깨달았다.

"싫어요."

진태는 우는 소리로 거절하였다.

"싫으면 밥 굶을 터이냐?"

"굶어도 좋아요."

"어디 보자. 어린애나 이리 내라."

어린애를 안고서 어머니는 안으로 밥을 얻어먹으러 들어갔다. 그러나 진태는 방에 들어가 깜깜한 속에 드러누워 있었다.

그 날 어째 그렇게도 섧고 분하고 쓸쓸한지 모르겠다. 어째 이런가 하는 생각이 난다. 그리고 아버지나 얼핏 들어왔으면 좋겠다 하였다.

십 분이 못 되어 어머니는 다시 나왔다.

"얘."

하고 문을 열고 고개를 들이밀며,

"마님이 들어오라신다. 어서, 어서."

진태는 그대로 누운 채 다시 돌아누우며,

"싫어요, 안 들어가요."

"나리가 걱정하셔."

"싫어요, 글쎄."

어멈은 다시 들어갔다. 그리고 오 분이 못 되어 또 나오는 소리가 들렸다. 그러더니 이번에는 문을 열고서,

"그럼, 옛다!"

하고 무엇을 내민다.

진태는 방바닥이 차디차고 찬바람이 문 틈으로 스쳐 들어오는 것을 막기 위하여 이불을 내리덮고 새우잠을 자다가 어머니 소리를 듣고서,

"무엇에요?"

하다가 얼른 목소리를 잡아당겼다.

"자, 밥이다. 먹고 드러누워라. 이 추운데 저것이 무슨 청승이냐."

진태는 온 전신을 사를 듯이 부끄러운 감정이 홱 흐르며,

"글쎄 싫다니까. 안 먹어요. 먹기 싫어요."

어머니는 들어왔다. 진태를 밀국수 방망이 밀 듯이 흔들흔들 흔들면서 타이르고 간청하듯이,

"일어나거라, 응! 일어나."

진태는 더욱 담벼락으로 가까이 가며,

"싫어요. 나는 배고프지 않아요."

하고서 고개를 이불로 뒤집어쓰고 아무 말이 없다.

"고만두어라. 너 배고프지 나 배고프겠니?"

하고서 그대로 안으로 들어가려 할 때,

"엣 추워."

하고서 들어오는 사람은 자기 아버지다. 어멈과 아범은 맞닥뜨렸다.

"이건 눈깔이 빠졌나. 엑구 시……."

하며 아범이 소리를 질렀다.

"어두워서 보이지를 않는구려."

하고서 여성다웁게 미안한 어조로 어멈은 말을 한다. 이 한 번 맞닥뜨린 것이 빈손으로 들어오는 자기 남편을 몰아셀 만한 용기를 꺾어 버리었고 주머니 속이 비어 있는 아범은 또한 큰 소리를 할 만한 용기를 줄게 하였다.

"어떻게 되었소?"

"무엇이 어떻게 돼? 큰일 났어, 큰일. 벌이가 있어야지. 저녁은 어떻게 했나?"

"여보, 그 정신 나간 소리는 좀 두었다 하우. 무엇으로 저녁을 해요."

아범은 아무 소리 못 하고 방 안으로 들어갔다. 진태는 일어나 앉았다. 그리고는 속으로 반갑기는 그만두고 한 가닥의 희망까지 끊어져 버리었다.

"그럼 어떻게 하나?"

아범은 불 켤 것도 생각지 않고서 한탄을 한다.

"그래 한 푼도 없소?"

"아따, 이 사람아! 돈 있으면 막걸리 먹었게."

막걸리라는 소리가 어멈의 성미를 겨웠다.

"막걸리가 무어요? 어린 자식들은 추운 방에서 배들이 고파서 덜덜 떠는데 그래도 막걸리요? 그렇게 막걸리가 좋거든 막걸리 장사 마누라나 하나 데리고 살거나 막걸리 독에 가서 거꾸로 박히구려. 그저 막걸리 막걸리 하니 언제든지 막걸리 신세를 갚고야 말 터이야. 저러다가는."

"글쎄 그만둬요. 또 여우 모양으로 톡톡거려. 엥, 집에 들어오면 여편네 꼴 보기 싫어서."

하고 입맛을 쩍쩍 다신다.

진태는 옆에서 그 꼴만 보다가 불을 켜고 있었다.

"그럼 저녁을 먹어야지."

하고서 아범은 꽤 시장한 모양으로 없는 궁리를 하려 하나 아무 궁리도 없다.

"이것이나 먹구려."

하고 어멈은 진태를 주려고 국에다 만 밥을 내놓으니까,

"그게 무어야?"

하고 숟가락으로 두어 번 떠먹어 보더니,

"너 저녁 먹었니?"

하고서 진태를 돌아다본다. 진태는 말을 할래야 할 수도 없거니와 말하기도 전에 어멈이,

"안 먹었다우."

하고 진태를 책망도 하고 원망도 하는 듯이 흘겨보았다.

"왜?"

하고 아범은 숟가락을 든 채로 그대로 있다.

"누가 알우, 먹기 싫다는 것을."

"그럼 배고프겠구나."

하고서 밥그릇을 내놓으면서,

　"좀 먹으련?"

하니까 진태는,

　"싫어요."

하고서 멀리 피해 앉는다.

　"왜 그러니?"

　"먹을 마음이 없어요."

　삼십 분쯤 지났다. 문 밖에서 어멈이,

　"진태야! 진태야!"

하고 부른다. 진태는 그 부르는 어조가 너무 은밀한 듯하므로,

　"네."

대답 한 번에 바깥으로 나갔다. 어머니는 대문간에 손에다가 무엇인지 가느다란 것을 쥐고 서 있다.

"저······."

하고 어머니는 헝겊에 싼 그것을 풀더니,

"이것 가지고 전당국에 가서 칠십 전이나 팔십 전만 달래 가지고 싸전에 가 쌀 닷 곱(홉)만 팔고, 나무 열 냥어치만 사 가지고 오너라."

한다. 진태는 얼른 알아채었다. 옳지, 은비녀로구나. 자기 집 안에 값진 것이라고는 어머니 시집올 때 가지고 온 그 비녀 하나 하고, 굵다란 은가락지뿐이다.

진태는 그것을 받아들었다. 그리고는 전당국을 향하여 간다. 전당국이 잡화상 옆에 있는 것이 제일 가깝고 조금 내려가면 이발소 윗집이 전당국이다. 그러나 첫째 집은 가지를 못한다. 그것은 그 전당국 주인의 아들이 자기하고 같은 학교를 다니니까 만일 들키면 창피할 것이요, 부끄러울 것이라. 그래서 그 집을 남겨 놓고 먼 저 아래 전당국으로 가리라 하였다. 그는 팔짱을 끼고 웅숭그리고서 전당국으로 들어가려 하니까 어째 누가 손가락질을 하는 것 같고 구차함을 비웃는 듯하다. 그리고 그 전당국 주인까지도 자기의 구차한 것을 호령이나 할 듯이 쉬울 것 같다.

그러나 눈 딱 감고 들어가려 하니까 문간에다가 기중이라 써 붙이고 문을 닫아 버렸다.

'기중.' 사람이 죽었구나 하고서 생각하니 그 몇 분 동안에 자기 마음이 긴장되었던 것은 풀려진다.

그러면 이번에는 하는 수 없이 그 동무 아버지의 전당국으로 가야 하겠다.

한 발자국이라도 더디게 떼어 놓아 그 전당국으로 들어설 때 가슴은 거북하고 머리에는 열이 올라와서 흐리멍덩하다.

기웃이 들여다보니까 아무도 없다. 혹시 동무 학동이나 만나지 않을까 하였더니 사무 보는 어른이 한 분 앉아 있고 아무도 없어 아주 다행이다.

그는 정거장 표 파는 데처럼 철망으로 얽고, 또 비둘기장 구멍처럼 뚫어 놓은 곳으로 은비녀를 디밀었다. 신문을 보던 사무 보는 어른이 한 번 흘겨보더니,

"무엇이냐?"

하고서 소리를 꽥 지른다.

"이것 잡으세요?"

하는 소리는 떨리고 가늘었다. 사무 보는 이는 아무 말 없이 그것을 받아들더니 저울에다가 달아 본다.

진태는 속마음으로 만일 저것을 잡지 않으면 어떻게 하나? 나쁜 것이라고 퇴짜를 하며는 어떻게 하나 하고 있을 때,

"얼마나 쓰련?"

하고 돈을 묻는다. 그는 겨우 안심을 하고서 돈 말하려다가 자기가 부르는 돈보다 적게 주면 어떻게 하나 하고서 도리어 그이더러,

"얼마나 나가요?"

하고 물었다. 그는 한참 있더니,

"일 원이다."

한다. 그러면 자기 어머니가 얻어 오라는 것보다는 삼사십 전이 더하다. 그는 겨우 안심을 하고서,

"칠십 전 주세요."

하였다.

"네 이름이 무엇이냐?"

전당표에 이름이 쓰이는 것은 좋지 못하나 하는 수 없이 이름을 대었다.

사무 보는 이가 전당표를 쓰는 동안에 진태는 왔다갔다 하였다. 그리고서 남에게는 전당잡으러 온 체하지 않으려고 사면을 둘러보며 군소리를 하였다.

진태가 바깥을 내다볼 때 누구인지 덜미에서,

"진태냐?"

하는 어린애 소리가 들렸다. 그가 얼른 돌아다보니까 거기에는 그 집 주인의 아들이 반가이 맞으며,

"언제 왔니?"

하며 나온다. 진태는 달아나고 싶었다. 그리고는 될 수만 있으면 돈도 그만두고 피해 가고 싶었다.

"내일 산술 숙제 했니?"

어쩌면 그렇게 다정하게 물으랴? 그러나 진태는,

"아니."

하고서 고개를 내저었다. 그의 얼굴은 진홍빛같이 붉어졌다.

"애, 큰일났다. 나는 조금두 할 수가 없어!"

그의 말소리는 진태의 귀에 조금도 안 들린다. 내일 숙제는 그만두고 내일 학교에 가면 반드시 여러 동무들이 흉을 볼 터이요, 또는 놀려댐을 당할 것이다. 그리고 그의 앞에는 커다란 수남이가 보이며, 장난의 괴수요 핀잔 잘 주고 못살게 굴기 잘 하는 그 불량한 학생이 보인다.

전당표와 돈을 받아들었다. 이제는 싸전으로 갈 차례다. 석 되나 닷 되나 한 말 쌀을 파는 것은 오히려 자랑거리지마는 닷 곱은 팔기가 참으로 부끄럽다. 그는 싸전에 가서 종이 봉지에 쌀 닷 곱을 싸 들었다. 첫째 싸전쟁이가,

"왜 전대를 가지고 오지 않았어?"

꽥 소리를 한 번 지르더니 딴 사람의 쌀을 다 퍼 주고야 종이 봉지 하나가 아까운 듯이 가까스로 닷 곱 한 되를 퍼 주었다.

  돈을 주고 나왔다. 쌀 들은 손은 얼어서 떨어지는 듯하다. 한 손으로
귀를 녹이고 또 한 손으로는 번갈아 가며 쌀 봉지를 들었다.
  이번에는 나무가게로 갈 차례다. 나무가게로 갔다. 이십 전어치를 묶
었다. 그것을 새끼에다 질빵을 지어서 둘러메고 쌀은 여전히 옆에다 끼
었다. 행길로 고개를 숙이고 가다가는 어깨가 아프고 손, 발, 귀가 시려
서 잠깐 쉬다가 저 쪽을 보니까 자기 집 들어가는 골목을 조금 못 미쳐
서 학교 선생님 한 분이 오신다.

진태는 얼핏 일어났다. 그리고 선생님이 골목까지 오시기 전에 먼저 그 골목으로 들어가야 하겠다 하였다. 그리고는 줄달음질하였다. 선생님은 아무것도 둘러메시었을 리가 없으므로 걸음이 속하시다. 자기는 힘에 닿지 않는 것을 둘러메었고 또는 걸음이 더디다. 거진 선생님과 맞닥뜨리게 되었다. 그래서 앞도 보지 않고 골목으로 뛰어들어가다가 거기서 나오는 사람과 마주쳤다.

"에쿠!"

하면서 손에 들었던 쌀이 모두 흩어지고 나무는 어깨에 멘 채 나가자빠졌다.

"이 망할 집 자식, 눈깔이 없니?"

하고 들여다보는 그이는 자기 아버지다. 진태는 그래도 뒤를 돌아다보았다. 벌써 선생님은 본체 만체 지나가 버리시었다.

"이 망할 자식아! 쌀을 이렇게 흩트려서 어떻게 해?"

하며 아버지는 두 손으로 껌껌한 데서 그것을 쓸어서 바지 앞에다 담는다.

진태는 멍멍히 서 있다가 아버지에게 끌려서 집으로 들어갔다.

집에 들어가니까 어머니가 얼마나 받았으며, 얼마나 썼으며, 얼마나 남았느냐고 묻는다. 진태는 그 소리를 듣고서 전당표를 주었다.

그리고는 자세한 이야기를 하였다.

그러나 어머니는 진태의 잘잘못을 따지지 않았다. 유일한 보물을 전당을 잡혀서 팔아 온 쌀까지 땅에다 모두 엎질러 버린 것을 생각하매 그대로 있을 수 없을 만치 아까웁고 분하다. 그래서,

"이 망할 녀석, 먹으라는 밥을 먹지 않아서 밥이나 먹고 자라고 하랬더니……."

하고서 주먹을 들고 덤벼들며,

"어디 좀 맞아 보아라!"

하고서 또다시 덤벼든다. 진태는 아무것도 변명하지 않았다. 그러나 하루에 두 번씩 매를 맞게 되니까, 무엇이 원망스럽고 또 무엇을 저주하고 싶었으나 그것이 무엇인지 알지 못하였다. 그래서 그는 한참 얻어맞고 혼자 울었다. 그는 위로해 주는 사람 하나 없고 쓰다듬어 주는 사람 하나 없었다.

그는 방구석에 틀어박혀서 한참 울다가 그대로 잠이 들었다. 억울한 꿈을 꾸면서…….

옛날 꿈은 창백하더이다

　내가 열두 살 되던 어떠한 가을이었다. 근 오 리나 되는 학교를 다녀온 나는 책보를 내던지고 두루마기를 벗고 뒷동산 감나무 밑으로 달음질하여 올라갔다.

　쓸쓸스러운 붉은 감잎이 죽어 가는 생물처럼 여기저기 휘둘러서 휘날릴 때 말없이 오는 가을 바람이 따뜻한 나의 가슴을 간지르고 지나가매, 나도 모르는 쓸쓸한 비애가 나의 두 눈을 공연히 울먹이고 싶게 하였다. 이웃집 감나무에서 감을 따는 늙은이가 나뭇가지를 흔들 때마다 떼지어 구경하는 떠꺼머리 아이들과 나이 어린 처녀들의 침 삼키는 고개들이 일제히 위로 향해지며 붉고 연한 커다란 연감이 힘없이 떨어진다.

　음습한 땅 냄새가 저녁 연기와 함께 온 마을을 물들이고 구슬픈 갈까마귀 소리가 서편 숲 속에서 났다. 울타리 바깥 콩나물 우물에서는 저녁 콩나물에 물 주는 소리가 칙칙하게 들릴 적에 촌녀의 행주치마 두른 짚세기 걸음이 물동이와 달음박질한다.

나는 날마다 학교에서 돌아오는 길로 하는 것이라고는 이것이 첫째 번 과목이다. 공연히 뒷동산으로 왔다갔다 한다.

그 날도 감나무 동산에서 반숙한 연감 하나를 따 먹고서 배추밭 무밭으로 돌아다녔다. 지렁이 똥이 몽글몽글하게 올라온 습기 있는 밭 이랑과 고양이밥이 나 있는 빈 터전을 쓸데없이 돌아다닐 적에 건너편 철로 연변에 서 있는 전깃불이 어느 틈에 반짝반짝 한다.

그 때에 짚신 신은 나의 아우가 뒷문에 나서면서 부엌에서 밥투정을 하다 나왔는지 열 손가락과 입 가장자리에는 밥알투성이를 하여 가지고 딴 사람은 건드리지도 못하는 저의 백동 숟가락을 거꾸로 들고 서서,

"언니 밥 먹으래."

하고 내가 바라보고 서 있는 곳을 덩달아 쳐다본다.

"그래."

하고 대답을 한 나는 아무 소리도 없이 마루 끝에 가서 앉으며 차려 논 밥상을 한 귀퉁이 점령하였다. 밥먹는 이라고는 우리 어머니와 일해 주는 마누라와 나와 나의 다섯 살 먹은 아우뿐이다.

소학교 4학년을 다니는 내가 무엇을 알며 무엇을 감득할 능력을 가졌으며, 안다 하면 얼마나 알고 감득하면 몇 푼어치나 감득하리요. 그러나 웬일인지 그 때부터 나의 어린 마음은 공연히 우울하여졌다. 나뭇가지 하나가 바람에 흔들리는 것이나, 저녁 참새가 처마 끝에서 옹송그리며 재재거리는 것이나, 한가한 오계가 길게 목 늘여 우는 것이나, 하늘 위에 솟는 별이 종알거리는 것이나, 저녁 달이 눈 위에 차디차게 비치인 것이나, 차르럭거리며 흐르는 냇물이나 더구나 나무 잎사귀와 채소 잎사귀에 얼킨 백로의 뻔지르하게 흐르는 것이 왜 그리 그 어린 나의 감정을 창백한 감상의 와중으로 처틀어박는지 약한 심정과 연한 감정은 공연한 비애 중에서 때없는 눈물을 흘렸었다.

그것을 시상의 발아라 할는지 현묘유원한 그 무슨 경성을 동경하는 첫째 번 동구일는지는 알지 못하겠으나 어떻든 나는 다른 이의 어린 때와 다른 생애의 일절을 밟아 왔다. 그러나 그것은 몽롱한 과거이며 흐릿한 기억이다.

그 날 저녁에도 어둠침침한 마루 끝에서 갓 지은 밥을 한 숟가락 두 숟가락 퍼먹을 때에 공연히 쓸쓸하고 적적하다. 어렴풋한 연기 냄새가 더구나 마음을 괴롭게 한다. 침묵이 침묵을 낳고 침묵이 침묵을 이어 침침한 저녁을 더 어둡게 할 때 나는 웬일인지 간지럽게 그 침묵이 싫었다. 더구나 초가집 처마 끝에서 이리 얽고 저리 얽어 놓은 왕거미 한 마리가 어느덧 나의 눈에 뜨일 때에 나는 공연히 으쓱하여 무엇을 생각하시는지 입에 든 밥만 씹고 계신 우리 어머니의 얼굴만 쳐다보았다. 그리고 코를 손등으로 씻어 가며 손가락으로 반찬을 집어 먹는 나의 아우의 얼굴을 바라보았다.

"할멈 물 좀 떠 오게."

하는 소리가 우리 어머니 입에서 떨어지며 그 흉한 침묵이 깨졌다. 할멈은 행주치마 자락에 손을 씻으며 대접을 들고 부엌으로 내려가더니 솥뚜껑 소리가 한 번 덜컹 하고 숭늉 한 그릇을 들고 나온다. 어머니는 아무 소리 없이 그 물을 나에게다 내미시면서,

"물 말어 먹으련?"

하시니까 물어 보신 나의 대답은 나오기도 전에 나의 동생이 어리광부리는 그 소리로,

"물."

하고 물그릇을 가로채 간다.

"엎질러진다. 언니 먹거던 먹어라."

하시는 어머니의 권고는 아무 효력이 없이 왈칵 잡아다니는 물그릇은 출렁하더니 내 동생 바지 위에 들어 부었다. 그 일 찰나 사이에 우리 네 사

람은 일제히 물러앉으며,

"에그."

하였다. 어머니는

"걸레, 걸레."

하며 할멈에게 손을 내민다.

"글쎄 천천히 먹으면 어때서 그렇게 발광이냐."

하시며 상을 찌푸리시고 할멈이 집어 주는 걸레를 집어 내 아우의 바지 앞을 털어 주신다. 때가 묻은 바지 앞을 엉거주춤하고 내밀고 있는 나의 아우는 다만 두 팔만 벌리고 서서 아무 말이 없다.

나는 미안하였던지 동생의 철없이 날뛰는 것이 우스워 그리하였던지 밥은 먹지 못하고 다만 상에서 저만큼 떨어져 앉았다가 석유 등잔에 불만 켜 놓고서 다시 밥상으로 가까이 올 때,

"에그, 다리 아퍼. 저녁을 인제야 먹니?"

하며 마당으로 들어오는 이는 우리 할머니시다. 손에는 남으로 만든 책보를 들고 발에는 구두를 신고 머리를 쪽진 데는 은비녀를 꽂았다. 키가 작달막한 데다가 머리가 희끗희끗한데 검정 치마가 땅에 거의 끌리게 된 것을 보니까 아마 오늘도 꽤 많이 돌아다니신 모양이다.

"어서 오십시오."

하며 들던 숟가락을 놓고 일어나시는 이는 우리 어머니시다.

"마님 오십니까."

하고 짚세기를 신는 이는 할멈이다. 마루창이 뚫어져라 깡총깡총 뛰며

"할머니 할머니."

를 부르는 것은 나의 아우다. 나는 숟가락을 입에 문 채로 다만 빙그레 웃으면서 반가워하였다.

마루 끝에 할머니는 걸터앉으셨다. 할멈은 걸레로 마룻바닥을 훔치는 사이에 어머니는 부엌으로 내려가셨다. 그릇소리가 덜거덕덜거덕

난다. 피곤한 가슴을 힘없이 내려앉히시며 한숨을 휘이 ── 하고 내쉬신 할머니는 무슨 걱정이나 있는 듯이 부엌을 향해서,

"고만두어라. 내 밥은 아직 먹고 싶지 않다."

하신다. 어머니는 부엌에서 상을 차리시더니,

"왜 그러세요. 조금 잡숫지요."

"아니다, 저기서 먹었다. 오늘 교인 심방을 하느라고 명철이 집에 갔더니 국수장국을 끓여 내서 한 그릇 먹었더니 아직까지도 배가 부르다."

어머니는 차리던 상을 그대로 놓고 부엌문에서 나오며,

"명철이 집이오? 그래 그 어머니가 편찮다더니 괜찮아요?"

"응, 인제는 다 낫더라. 그것도 하느님 은혜로 나은 것이지."

우리 할머니는 그 동네 교회 전도 부인이시다. 우리 집안은 본래 우리 할아버지와 아버지 사이가 좋지 못하여 따로따로 떨어져 산다. 그리고 우리 할머니는 열심 있는 교인이요, 진실한 신자이지만 우리 아버지는 종교(현대 사회에서 명칭하는)에 대하여 냉혹한 비평을 하는 사람이었다.

우리 할머니는 본래 교육이 있지 못하다. 있다 하면 구식 가정에서 유교의 전통을 받아 오는 교육이었을 것이며, 안다 하면 한문이나 국문 몇 자를 짐작할 뿐이요, 새로운 사조와 근대 사상이라는 옮기기도 어려운 문자가 있는지도 알지 못할 것이다. 그러나 나는 그 열두 살 되던 그 해에는 다만 우리 할머니를 한 개 예수 믿는 여성으로 알았었으며, 하느님이 부리는 따님으로만 알았었다. 종교에 대한 견해라든지 신앙이란 여하한 것인지를 알지 못하였다.

나도 예수교 학교를 다니므로 자기의 선생을 절대로 신임하고 자기의 학교의 교풍을 절대로 존중하였었다. 그리고 예수의 십자가에 흘렸던 붉은 피가 참으로 우리 인생의 더러운 피를 씻었으며 수염 많은 할아버지 같은 하느님이 참으로 우리를 내려다보시고 계신 줄 알았었다.

날마다 아침 성경 시간과 주일 학교에서 선생에게 들은 바가 참으로 나의 눈앞에 환상으로 나타났었으며, 유대 풍속을 그린 성화가 과연 천당, 지옥, 성지, 낙토의 전형으로 보였다. 그것이 나에게 어떻든 무슨 인상을 준 것은 사실이니 천사를 생각할 때에는 반드시 서양 여자를 그린 그 채색 칠한 그림이 나의 눈앞에 나타나 보이며 예수가 십자가에 못 박혀 돌아간 것을 생각할 때에는 시뻘건 육괴*가 시안을 부릅뜨고 초민*과 고통의 극도를 상징하는 그의 표정과 비린내 나고 차디찬 피가 흐르는 예수의 죽음이 만인의 입과 천 년의 세월을 두고 성찬 성찬하며 추앙 경모의 그 부르짖음의 소리가 그 어린 나의 귀와 나의 심안*에 닿을 때에도 그것은 고통으로 보이지 않았으며 초민으로 보이지 않았으며 비린내 나는 붉은 피 보혈로 보이었으니, 무서운 시체를 그린 그 그림이 도리어 나의 어린 핏결 속에 무슨 신앙을 불어넣어 주었다. 그 때의 나의 기도는 하느님이 들었으며 그 때의 나의 죄는 예수가 씻었었다. 그것이 결코 지금의 나를 만족시키며 지금 나에게 과연 신앙을 부어 주지는 않는다 하더라도 내가 열두 살 되는 그 때의 나의 영혼은 있는지 없는지도 판단치 못하던 하느님이 지배하였었으며 이천 년 옛날에 송장이 되어 썩어진 예수가 차지하였었다. 그 때의 나의 영혼은 나의 영혼이 아니고 공명의 하느님의 것이었으며, 그 때의 나의 생은 나의 생이 아니며 촉루*까지 없어진 예수의 생이었다. 그 때의 나는 약자이었으며, 그 때의 나는 피정복자이었다. 무궁한 우주와 조화를 잃은 자이었으며 명명 무한대한 대 세계에 나의 생을 실현할 능력을 빼앗긴 자이었다.

명명한 대공을 바라볼 때에 유대식 건물의 천당을 존경하였을지라도

＊육괴(肉塊) 고깃덩어리.
＊초민(焦悶) 속이 타도록 민망하게 여기는 것.
＊심안(心眼) 사물을 살펴 분별하는 마음의 힘.
＊촉루 해골.

자아 심상의 낙토는 몰랐으며 사후의 영생은 구하였을지라도 생하여서 영생을 알지 못하였다. 사는 생의 척도됨을 알지 못하고 생이 도리어 사후의 희생으로 알았었다.

산상의 교훈과 포도 동산의 교훈을 듣기는 들었으나 열두 살 먹은 나의 호기심을 끌기에 너무 현묘하였으며 애의 복음과 자아의 희생을 역설함을 듣기는 들었으나 나에게 과연 심각한 감화를 주지는 못하였었다. 성경의 해석은 일종의 신화로 나의 귀에 들렸으나 그 무슨 신앙을 주었으며 성화를 그린 종이 조각은 한 개 완구가 되었으나 빼기 어려운 우상을 나의 심전에 그리어 주었다.

아아, 나는 물으려 한다. 하느님의 사자로 자처하고 교회의 일꾼으로 자인하는 우리 할머니의 그 때의 내면적이나 외면적을 불문하고 열두 살밖에 되지 않은 나의 그것과 얼마나 틀린 점이 있었으며 얼마나 혼점이 있었을는지? 그는 과연 예수의 성훈*을 날것대로 삼키는 자가 되지 않고, 조리하고 익히며 그의 완전한 미각으로 그것을 저작*할 줄을 알았을까? 그는 참으로 예수의 정신을, 그의 내적 생활을 체득한 자이었을까?

그는 과연 여하한 신앙으로써 생으로 생까지를 살아갔었으며 그는 참으로 어떠한 영감을 예수교에서 감득하였을까? 나는 다만 커다란 의문표를 안 그릴 수가 없다.

그 날도 우리 할머니는 여자의 몸의 피곤함을 깨달으면서도 무슨 만족함이 그의 얼굴을 싸고 도는 듯하였다. 그러나 한편으로는 자아 이외의 우리 어머니나 할멈이나 내나 나의 동생을 일 개의 죄인시하는 곳에 가련함을 견디지 못하는 듯한 표정이 그의 시들어 가는 입 가장자리와 가느다란 눈초리에 희미하게 얽히어 있었다. 할머니는 조금 있다가 눈

---

* 성훈(聖訓) 임금이나 성인의 교훈.
* 저작(咀嚼) 음식물을 입에 넣고 씹는 것.

살을 잠깐 찌푸리시더니,

"큰일 났어! 예배당에 돈을 좀 가져가야 할 텐데 돈이 있어야지. 다른 사람과 달라서 아니 낼 수도 없고 또 조금 내자니 우리 집을 그래도 남들이 밥술이나 먹는 줄 아는데 그렇게 할 수도 없고, 이런 말씀을 아버지께 여쭈면 공연히 역정만 내시니까!"

하며 우리 어머니에게 향하여 걱정을 꺼낸다.

"요사이 날이 점점 추워져서 시탄비*를 내야 할 터인데 김 부인은 벌써 오 원을 적었단다. 그이는 정말 말이지 살아가기가 우리 집에다 대면 말할 것도 없지 않느냐. 그런데 아버지께 그런 말씀을 하니까 역정을 내시면서 남이 죽으면 따라 죽느냐고 야단을 치시면서 돈 일 원을 주시는구나. 그러니 얘 글쎄 생각을 해 보아라. 어떻게 일 원을 내니! 내 속이 상해서 죽겠어."

하며,

"그래서 하는 수가 있더냐, 명철이 집에 가서 돈 오 원을 지금 꾸어 가지고 오는 길이란다."

하며 차곡차곡 접어 쥔 일 원 지폐 다섯 장을 펴 보인다. 우리 어머니는 이렇다 저렇다 말이 없이 가만히 듣고만 있다가,

"그러면 그것은 어떻게 갚으실 것입니까?"

하며 빈곤한 생활에 젖은 우리 어머니는 그 갚는 것이 첫째 문제로 그의 가슴을 거북하게 하였다.

"글쎄 그거야 어떻게든지 갚게 되겠지? 하다못해 전당을 잡혀서라도."

하더니,

"에그, 인제 고만 가 보아야지."

---

* 시탄비(柴炭費) 땔나무와 숯을 마련하는 데 드는 돈.

하며 벌떡 일어서서 나가려 하다가,

"애 아범은 여태까지 안 들어왔니?"

한 마디를 남겨 놓고 바깥으로 나간다. 우리 어머니는 다만,

"네, 언제든지 그렇게 늦는답니다."

하며 걱정스러운 듯이 문 밖으로 할머니를 쫓아나간다.

우리 어머니는 아슬랑아슬랑 어둠 속으로 사라져 가는 우리 할머니의 뒤 그림자가 사라져 없어져 가는 것을 바라보고 있었다. 그리고 그 할머니의 검은 그림자가 다 사라진 뒤에도 여전히 그 할머니의 그림자가 사라져 없어진 곳에서 무엇을 찾는 듯이 바라보고 서 있다. 모든 것이 검기만 한 어두운 밤이다. 나도 나의 동생을 등에 업고 어머니를 쫓아 문 밖에 서 있었다. 어머니는 소매 걷은 두 팔을 가슴에 팔짱을 끼고 허리를 꾸부정하게 서서 근심스러운 듯이 저 쪽 길만 바라보고 서 계시다.

고생살이에 다 썩은 얼굴은 웬일인지 나도 쳐다보기가 싫게 화기가 적다. 머리카락이 이마를 덮은 그의 두 눈은 공연히 쳐다보는 나를 울고 싶게 하였다. 때묻은 행주치마와 다 떨어진 짚세기가 더욱 나를 부끄럽게 하였다.

하얀 두루마기가 바라보는 어둠 속에서 희미하게 휘날릴 때마다 우리 어머니는 옆에 서 있는 나에게 나지막한 목소리로,

"아버진가 보다."

하며 나에게 무슨 동의를 청하시는 것처럼 바라보신다. 그러나 그 흰 두루마기가 우리 집으로 향하지 않고 다른 곳으로 지나쳐 버릴 때는 우리 어머니와 나는 섭섭한 웃음을 웃었다.

문간에 서서 아무 말 없이 늦게 돌아오는 우리 아버지를 기다리는 우리는 한 시간이 넘도록 서 있었다. 나의 어린 아우는 등에다 고개를 대고 코를 골며 잔다. 이마를 나의 등에다 대고 허리를 새우등같이 꾸부

리고 자다가는 옆으로 떨어질 듯하면 반드시 한 번씩 놀란다. 놀랄 그 때 나는 깍지 낀 손을 다시 단단히 쥐고 주춤하고 한 번씩 다시 추키었다. 한 시간을 기다려도 아버지는 돌아오시지 않으셨다. 어머니는 힘없고 낙망한 소리로,

"문 닫고 들어가자!"
하시며,

"에그, 어린애가 자는구나. 갖다 뉘어라."
하시며 대문을 벌컥 닫고 들어오신다. 문 닫는 소리가 어쩐지 쓸쓸하고 적적하다. 우리 집 공중을 싸고 도는 공기의 파동은 회색의 파문을 그리는 듯이 동적이 아니며 정적이었으며, 양기가 없고 음기뿐이었다. 회색 칠한 침묵과 갈색의 암흑이 이 귀퉁이 저 귀퉁이에서 요사한 선무를 추고 있었다.

나는 그 때에 무엇을 감각하였으며 무엇을 감득하였을까? 회색 침묵과 아득한 암흑이 조화를 잃고 선율이 없이 티없는 쓸쓸한 바람과 섞이어 시름없이 우리 집 전체의 으스스한 공기를 휩싸고 돌아나갈 때 나의 감정은 푸른 감상과 서늘한 감정으로 물들여 주었었다. 마루 끝까지 올라선 나의 눈에 비추인 찬장이나 뒤주나 그 외의 모든 기구가 여러 가지 요괴의 화물같이 보일 때에 나의 가슴은 더욱 서늘해졌었다. 다만 나무 잎사귀가 나무 끝에서 바스락 하는 것일지라도 나를 방 안으로 뛰어들어가도록 무섭게 하였다. 어머니가 등잔불을 떼어 들고 나의 뒤를 쫓아 들어오실 때에 그 불에 비추인 나의 어두운 그림자가 저 쪽 담벼락에서 어른어른하는 것까지 나의 머리 끝을 으쓱하게 하였다.

그러나 그 정숙과 공포가 얽힌 나의 심정을 풀어 주고 녹여 주는 것은 나의 뒤에 서 있는 애의 신 같은 우리 어머니의 부드러운 사랑의 힘이었다. 그것은 나의 신앙의 전부였으며 나의 앞길을 무한한 저 앞길로 인도하는 구리 기둥이었다. 베드로가 예수를 보고 갈릴리 바다로 걸어

감과 같이 이 세상 모든 것을 초월케 하는 최대의 노력이었다. 등잔불의 기름이었으며 쇠북을 두드리는 방망이었다.

방으로 들어온 나는 아랫목에 자리를 펴고 누워서 복습을 하였었다. 본래 공부를 하지 않는 나는 내일 선생에게 꾸지람이나 듣지 않으려고 산술 문제 두어 문제를 하는 척하여 다른 종이에 옮기어 베끼고 쓰기 싫은 습자는 내일 아침 일찍 일어나 쓰기로 하였다. 나의 동생은 발길로 나의 허리를 지르면서 이리 뒤척 저리 뒤척 이리 뛰굴 저리 뛰굴, 남의 덮은 이불을 함부로 끌어다가 저도 덮지 않고서 발치에다 밀어 던진다. 그리고는 힘있는 콧김을 길게 내쉬며 곤하게 잔다. 우리 어머니는 등잔 밑에서 바느질을 하시며 눈만 깜박깜박 하신다. 할멈은 발치에서 고단한 눈을 잠깐 붙였다.

나는 방 안이라는 조그마한 세계에서 네 개의 동물이 제각각 다른 상태로 생을 계속하는 가운데 남의 걱정과 남의 근심을 알 줄을 몰랐었다. 우리 어머니의 머릿속에는 과연 어떠한 심리 상태의 활동 사진이 그의 뇌막에 비치었으며 늙은 할멈은 어떠한 몽중 세계에서 고생살이 잠꼬대를 할는지 몰랐다. 어린 아우의 단순한 머릿속에도 무서운 호랑이와 동리집 아이의 부러운 장난감을 꿈꾸는 줄은 알지 못하였다. 따뜻한 이불 속에서 두 발을 문지르며 편안히 누웠으니 몇십 분 전 가득하던 감정이 이제는 어디로인지 다 달아나고 모든 것이 한가하고 모든 것이 평화롭고 모든 것이 노곤한 감몽을 유인하는 것뿐이었다. 인제는 어느 틈에 올는지 모르는 달콤한 잠을 기다릴 뿐이었다. 불그레한 등불 밑에 앉아서 바느질하시는 어머니의 머릿속에 있는 늦게 돌아오시는 아버지를 기다리시는 초민과 지나간 일을 시간의 얽히었다 풀렸다 하는 기억과 연상과 기대와 동경의 엉크러진 심리는 알지 못하고 다만 재미있는지 기쁜지 으레 그래야 할 것인지 알지 못하는 무의식의 연장선이 나의 전신을 거미줄 얽듯 얽기를 시작하더니 나는 아무것도 몰랐다.

잠이 들었다.

어느 때나 되었는지 알지 못하게 든 잠이 마려운 오줌으로 인하여 어렴풋하게 깨었을 때였다.

이불을 들치고 엉거주춤 일어선 나의 귀에는 지껄지껄하는 사람의 목소리가 들리더니 등잔불에 부신 두 눈 사이로 우리 아버지의 희미한 윤곽이 보였다. 나는 반가운 마음에,

"아버지!"

하였다. 그러나 우리 아버지는 젓가락으로 앞에 놓인 반찬을 뒤적뒤적 하시면서 나를 냉담한 눈으로 멀거니 쳐다보시기만 하시더니 무슨 불만한 점이 계신지 노여운 어조로,

"아버진 뭐든지 다 귀찮다. 어서 잠이나 자거라."

하시고는 다시 본척만척 하시고 반찬 한 젓가락을 입에 넣으신다. 나는 얼굴이 홧홧하도록 무참하였다.

나는 죄지은 사람같이 양심에 무슨 부끄러움이 나의 아버지를 쳐다보지 못하게 하였다.

숙몽에 취하였던 나의 혼몽한 정신은 한꺼번에 깨여지며 뻣뻣하던 두 눈은 기름을 부은 듯이 또렷또렷하여졌다. 그 때야 나는 우리 아버지의 붉은 얼굴을 보고 술취하신 줄을 알았다.

어머니는 무참해하고 무서워하는 나의 꼴을 보시고 아버지를 흘겨 쳐다보시며,

"어린 자식이 반가워하는 것을 그렇게 말하니 좀 무참하겠소. 어린애들이라 하더래도 좋은 말할 적은 한 번도 없지."

하시다가 다시 나를 향하시어 혼자말 비슷하고 또는 누구더러 들어보란 듯이,

"너희들만 불쌍하니라. 아버지라고 믿었다가는 좋지 못한 꼴만 볼 터니까."

하시며 두 눈을 아래로 깔고 방바닥을 걸레로 훔치시는 체하신다.

나는 드러눕지도 못하고 일어나지도 못하였다. 드러눕자니 아버지 진지 잡숫는데 불경이 될 터이요, 그대로 앉았자니 자다가 일어난 몸이 추운 가운데 공연히 무서워서 몸이 떨린다. 이런 때는 나의 어머니가 변호인이요, 비호자임을 다소간의 지낸 경험으로 알고 또는 사람의 본능으로 모성의 자애를 신임하는 나는 우리 어머니의 얼굴만 쳐다보았다. 그 때 마침 어머니는,

"어서 누워 자거라. 아버지 진지도 거의 다 잡수셨으니."

하셨다. 나의 마음은 얼었던 것이 녹는 듯이 아주 좋았다. 나는 못 이기는 체하고 곁눈으로 아버지의 눈치만 보며 이불자락을 들었다. 그리고는 눈 딱 감고 이불을 귀까지 푹 덮고 그대로 드러누웠다. 그러나 잠은 어디로 달아나 버렸는지 오지 않는 잠을 억지로 자는 척하지마는 마음은 조마조마하여 못 견딜 지경이었다.

아버지는 숟가락을 탁 집어 상 위에 내던지시더니,

"엥, 내가 없어야 해. 없어야 해."

를 두서너 번 중얼거리시더니,

"그래 자기 자식은 굶든지 죽든지 상관하지를 않고 예배당인지 무엇인지 거기에다간 빚을 얻어다가 주어야 해?"

하시며 옆으로 물러앉으시니까 어머니는,

"누가 알우. 왜 그런 화풀이는 내게다가 하우."

하시는 소리가 떨어지기도 전에,

"무엇, 흥, 기가 막혀. 그래 예수가 무엇이고 십자가가 무엇이야? 예배당에 다닌다 하고 구두만 신고 다니면 제일인가? 왜 구두를 신어! 그 머리가 허연 이가 구두짝을 신고 다니는 꼴이라니. 활동 사진 박을 만하지. 예수가 무슨 말을 하였는지 알기들이나 한다나? 그 사생아를 하느님의 아들이라고? 그러나 예수가 나쁜 사람은 아니지. 좋

은 사람이지. 참 성인은 성인이야! 그렇지만 소위 예수 믿는 사람들이 예수라는 그 사람을 믿었지 예수가 부르짖은 그 하느님은 믿지 못하였어! 하느님은 이 세상 아니 계신 곳이 없지! 누구에게든지 하느님은 계신 것이야! 다 각각 자기 마음 속에 하느님이 계신 것이야! 여편네들이 무엇을 알어야지. 내가 이렇게 떠들면 술먹고 술주정으로만 알렸다! 흥, 우이독경*이야! 기막히지! 여보 무엇을 알우? 그런 늙은이가 무엇을 알어. 그래 신앙이 무엇인지 참종교가 무엇인지를 알어? 예수, 예수 하고 아주 기도를 하고! 그것은 모두 약자의 짓이다. 사람은 강자가 되어야 해!"

우리 어머니는 듣고만 계시다가,

"듣기 싫소. 웬 잔말이오! 그런 말을 할려거든 어머니나 아버지한테 가서 하구려."

하시며, 상을 들고 나가려고 하시니까 아버지는,

"뭐야, 듣기 싫다구?"

하시더니 어머니의 치마를 홱 잡아다니시는 김에 치마가 북 하고 찢어졌다. 어머니는 상을 할멈에게 주고 찢어진 치마를 들여다보시며 얼굴이 빨개지신다.

여자인 어머니는 의복의 파손이 얼마큼 아까운지 모르시는 모양이다. 치마폭이 찢어지는 그 예리한 소리와 함께 우리 어머니의 신경은 뾰족한 바늘 끝으로 쪽 내리베는 것같이 날카롭고 자극을 받으신 모양이다.

"이게 무슨 짓이오. 여편네 옷을 찢지 못하면 말을 못하오? 그래 무슨 말이오. 어디 말을 좀 해 보우. 어쩌자고 이러시우. 날마다 늦게 술이나 취하여 가지고 만만한 여편네만 못살게 구니 참으로 사람 죽

---

* 우이독경(牛耳讀經) 소 귀에 경 읽기. 아무리 일러 주어도 알아듣지 못한다는 뜻.

겠구려! 무슨 말이오! 할 말 있거든 어서 하시오!"

흥분된 어조를 조금 높이신 까닭에 음성은 또 우리 아버지를 흥분시키는 동시에 노여웁게 하였다.

"말을 하라구? 흥 남편된 사람이 옷을 좀 찢었기로 무엇이 어쩌구 어째?"

"글쎄 내가 무엇이라고 했고, 내가 무슨 죄요. 참으로 허구헌날 살 수가 없구려."

"듣기 싫어. 여편네들이 무엇을 알아야지. 남편의 심리를 몰라주는 여편네가 무슨 일이 있어서. 다 고만두어. 나는 우리 아버지에게 내버림을 당한 사람이고 세상에서 구박을 당한 사람이니까……. 에…… 후……."

우리 아버지는 이렇게 떠드시다가 다시 한참 가만히 앉아 계시더니 벌떡 일어나시며,

"엥! 가만 있거라. 참말 그대로 있을 수는 없어! 내가 가서 좀 설교를 해야지, 내가 목사 노릇을 좀 해야 해."

하고 모자를 쓰고 벌떡 일어나시며 문 밖으로 나가시려고 하니까 어머니는 또다시 목소리를 고치시어 부드럽고 애원하는 중에도 조금 노기를 띠신 어조로,

"여보 제발 좀 고만두. 글쎄 이게 무슨 짓이오. 이 밤중에 가기는 어디로 가며 가셔서 어떻게 하실 모양이오. 자! 고만 옷 좀 벗고 눕구려."

아버지는 듣지도 않고 방문을 홱 열어젖뜨린다. 고요한 저녁 공기가 훈훈한 방 안으로 훅 불어 들어오며 나의 온몸을 선뜩하게 하더니 석유 등잔의 불이 두어 번 뻔득뻔득 한다.

어머니는 아버지의 팔을 붙잡으시었다. 웅크리고 마루에 앉아 있던 할멈은 황망하여 하지도 않고, 여러 번 경험한 그의 침착한 태도로 두

팔을 벌리고 다만 이리 왔다 저리 왔다 하면서 동정만 살피고 있다.

어머니는 떨리는 목소리로,

"글쎄 남부끄럽지도 않소. 어서 들어갑시다. 가기는 어디로 가우. 남이 알면 글쎄 무슨 꼴이우."

하는 말을 듣지도 않으시고 우리 아버지는 어머니의 팔을 홱 뿌리치신다. 어머니는 에크 소리를 지르시며 방문 밖에서 방 안으로 넘어지시며 한참이나 아무 말 없이 엎드려 계신다.

"남부끄럽다? 남부끄럼을 당하는 것보다도 자기 양심에 부끄러운 짓을 하는 것이 더욱 부끄러운 것이야."

하시고 술취하신 얼굴에 분기를 띠시고 또 한옆으로는 엎어져 일어나시지도 못하는 어머니를 다소간 가엾음과 미안한 마음이 생기시나 위신상 어찌하지 못하는 어색한 얼굴을 돌이켜 보지도 않으시고 문 바깥으로 나가신다.

나가시는 규칙없는 발걸음 소리가 대문이 닫히는 소리와 함께 사라졌다.

할멈은 어머니를 붙잡아 일으키시며,

"다치지 않으셨어요?"

하며 어머니가 애처로워 보이기도 하고 또는 아버지의 술주정이 귀찮기도 하여서 상을 찌푸려 어머니를 들여다보시며 물어 본다.

나도 그 때야 이불을 벗고 일어나서 어머니를 보았다. 어머니는 일어나 앉으시기는 앉았으나 아무 말이 없으셨다.

철모르는 나의 아우는 말라붙은 코딱지를 떼며 주먹으로 비비면서 힘없는 손가락을 꼼질꼼질하며 자고 있다. 나는 다만 어머니의 동정을 살피고 있었을 뿐이었다.

몇 분 동안은 아주 고요 정적하여졌다. 폭풍우가 지나간 바다의 물결 같은 공기가 온 방 안을 채우고 자는 듯이 고요하다.

그 때에 나는 어머니의 머리카락이 덮힌 두 눈을 바라보았다. 두 눈에는 불에 비쳐 반짝거리는 눈물 방울이 방울방울 떨어지고 있었다. 이것을 본 나의 전신의 뜨거운 피는 바늘 끝으로 찌르는 듯이 파랗게 식는 듯하였다.

나의 마음은 어머니의 눈물에서 그 무슨 비애의 전염을 받은 듯이 극도로 쓰렸었다. 나는 그대로 어머니의 얼굴을 쳐다볼 수가 없어 이불을 뒤집어쓰고 어머니와 함께 눈물 흘려 울었다.

할멈은 화젓가락만 만지고 있는지 달가닥달가닥 하는 소리가 들릴 뿐이다.

그리고 어머니의 떨리는 숨소리와 코 마시는 소리가 이불을 뒤집어 쓴 나의 귀 위에서 연민과 비애의 정을 속삭여 주었다.

어머니는 한참이나 우시더니 코를 요강에 푸시고 이불을 다시 붙잡아 나와 나의 동생을 다시 덮어 주시었다.

그리고 한 손으로 나의 발치와 나의 가장자리를 어루만져 주실 때 간지러운 자애의 정이 부드러운 명주옷같이 나의 어린 가슴을 따뜻하게 하시었다.

이튿날 아침, 우리 어머니는 나의 동생의 손을 잡고 나와 함께 우리 외가로 향하여 떠나갔다.

물론 아침도 먹지 않고 늦도록 주무시는 아버지의 아침밥은 할멈에게 부탁이나 하셨는지 으레 알아 할 할멈에게 집안일을 맡기시고 오 리 남짓한 외가로 갔다.

가는 길에 나는 매우 기뻤었다. 무엇 하러 가시는지도 모르는 어머니의 심정은 알지도 못하고 귀여워하시는 할머니를 만나러 간다는 것만 좋아서 앞장을 섰다.

그 때의 어머니는 하소연 할 곳을 찾아가시는 것이었을 것이다. 팔자의 애소를 자기의 친부모에게 하러 가시는 것이었을 것이다.

일생을 의탁할 우리 아버지를 사랑하지 않는 것이 아니며 못 믿는 것이 아니지마는 발 아래 엎드려 몸부림할만치 자기의 울분과 자기의 비애를 호소할 곳을 찾아 지금 우리 어머니는 우리 외가로 가시는 것이다.

그 때 그에게는 자기의 부모가 유일한 하느님이며 위안자이었다. 약한 심정을 붙일 만한 신앙을 갖지 못한 우리 어머니는 자애의 나라로 달음박질하면 거기에 자기를 위로하여 주고 자기의 애소의 기도를 들어줄 아버지 어머니가 계실 것을 믿음이었다.

명명한 대공과 막막한 천애 저편에 위안 나라를 건설치 못하고, 작은 가슴 속과 보이지 않는 심상 위에 천당과 낙원을 얻지 못한 우리 어머니는 다만 자애의 동산을 찾아가시었다.

걸어가시는 어머니의 얼굴에는 어제 저녁의 울분을 참지 못하시는 푸른 표정과 어머니나 아버지에게 팔자 한탄을 푸념하리라는 굳은 결심의 빛이 보였었다.

가게 앞을 지나고 개천을 건너고 사람과 길을 피하고 돌멩이가 발끝에 채일 때에도 우리 어머니의 머릿속에는 그것뿐이었을 것이다.

그러나 우리 어머니의 머리는 그렇게 단순한 것이 아니었다. 나 어린 아이의 그 마음을 갖지는 않았다. 우리를 볼 때 우리 아버지를 생각하여 부모의 자애를 생각할 때에도 자기의 충심에서 발동하는 애모의 정을 깨달았다.

그는 자기의 남편을 사랑하는 동시에 자기의 부모를 사랑하였다. 그는 자기 남편의 불명예를 자기 부모에게 하소연하는 것을 아까 집 대문을 나설 때까지는 결심하였는지는 알지 못하겠으나, 반이나 넘어 가까이 자기 부모 집을 왔을 때에 그것을 부끄러워하는 정이 나오는 동시에 또한 그 불명예로운 소리를 발하는 아내 된 자기의 불명예로움을 알았다. 그리고 자기 남편의 불명예를 은폐하려는 동시에 자기 부모의 심로를 생각하였다. 자애를 부어 주는 자기 부모에게 자기의 울분을 애소하는 것이 자기에게는 좋은 것이나 자기 부모의 마음을 조심되게 함을 깨달았다.

나의 동생은 아슬렁아슬렁 걸어가면서 무어라고 감흥에 띤 이야기를 중얼거리면서 걸어간다.

어머니는 외가에 거의 다 왔었을 때에 나에게 은근한 목소리로,

"너 할머니와 할아버지께 어제 저녁에 아버지가 술 먹고 야단했다는 말은 하지 말어라."

하시며 무슨 응답이나 들으려는 듯이 나를 들여다보신다. 나는,

"예."

하였다. 그 '예.' 소리가 나의 입에서 떨어지면서 무슨 해결치 못할 문제가 다 풀린 듯한 감이 생기며 집에서 나올 때부터 무슨 불행스럽고 불안하던 마음이 다시 화평하여졌다.

설악산 연화대의 가을

십칠 오십 전

— 젊은 화가 A의 눈물의 한 방울 —

첫째

사랑하시는 C선생님께 어린 심정에서 때없이 솟아오르는 끝없는 느낌의 한 마디를 올리나이다.

시간이란 시내가 흐르는 대로 우리 인생은 그 위에서 뱃놀이를 하고 있습니다. 늙은이나 젊은이나 마음 아픈 이나 행복의 송가를 높이 외우는 이나 성공의 구가를 길게 부르짖는 사람이나 이 시간이란 시내에서 뱃놀이하지 않는 사람이 누구입니까?

오늘 이 편지를 선생님께 올리는 이 젊은 A도 시간이란 시내에 일엽편주를 띄워 놓고 곳 모르는 포구로 향하여 둥실둥실 떠갑니다.

어떠한 이는 쾌주하는 기선을 탔으며 어떠한 이는 높다란 돛을 달고 순풍에 밀리어 갑니다. 또 어떠한 이는 밑구멍 뚫어진 나룻배를 이리 뒤뚱 저리 뒤뚱 위태하게 젓고 갑니다.

어떠한 배에서는 하품하고 기지개 켜는 소리가 들립니다. 또 어떠한 배에서는 장고를 두드리고 푸른 노래를 부르기도 합니다. 어떠한 배에서는 불그레한 정화의 소근대는 소리가 들립니다. 어떠한 배에서는 여자의 애끓는 울음소리가 납니다. 어떠한 배 속에서는 촉루가 춤을 추고 어떠한 배 속에서는 노름꾼의 코고는 소리가 납니다.

그러나 이 A가 탄 배에서는 무슨 소리가 들리는 줄 아십니까? 때없는 우울과 비분과 실망과 고통과 원망이 뭉텅이가 되고 덩어리가 되어 듣는 이의 귓구멍을 틀어막을 듯이 다만 띵 하는 머리 아픔이 있을 뿐이외다.

나와 같이 배를 띄워 같은 자리를 지나가는 배가 몇백 몇천이 있습니다. 그들은 다만 서로 바라보며 기막혀 웃을 뿐이외다. 그리고 서로 눈물지을 뿐이외다.

선생님. 이 배가 가기는 갑니다. 한 시간에 오 리를 가거나 단 일 리를 가거나 가기는 갑니다. 그러나 그 배가 뒷걸음칠 리는 없을 터이지요. 가기만 하는 배는 우리를 실어다 무엇을 할까요? 흐르는 시간은 말이 없고 뜻이 없으매 다만 일정한 규칙대로 가기는 가겠으나 뜻없고 말없는 시간이란 시내 위에 이 A는 무슨 파문을 그려 놓아야 할까요.

새벽 서리찬 바람에 차르럭 찰싹 뛰어노는 어여쁜 물결입니까? 아침저녁 멀리 밀려왔다 멀리 밀려가는 밀물의 스르렁거리는 물결입니까? 초생달 갸우뜨름하게 비추인 푸르렇다 희옇다 하는 깜찍한 파문입니까? 어떻든 저는 무슨 파문이든지 그 시간이란 파문 위에 그려 놓아야 할 것이외다. 하다못하여 시커먼 물결 위에 푸우 하게 일어나는 거품일지라도 남겨 놓고야 말 것이외다.

선생님. 그 파문을 그려야 하나 그릴 수가 없습니다. 하늘의 바람은 너무 장하고 몰려오는 물결은 너무 힘이 있습니다. 인습이란 물결이 아직은 편주를 몰아낼 때와 육박하는 환경의 모든 시커먼 물결이 가려 하는 이 A라는 조그마한 배를 집어삼키려 할 때 닻을 감아라 노를 저어라가려고는 합니다마는 방향을 정하려 하나 팔에 힘이 약하고 가려 하나 나를 이끌어 나아가게 하는 힘있는 발동기를 갖지 못하였습니다. 그나 그뿐입니까? 어떤 때에는 폭우가 내려붓고 어떠한 때에는 광풍이 몰려와 간신히 뒤뚱거리는 이 작은 배를 사정없이 푸른 물결 속에 집어 넣으려 합니다.

아아, 선생님. 그나 그뿐이 아니외다. 어떠한 때는 어두운 밤이 됩니다. 울멍줄멍*하는 노한 파도가 다만 시커먼 암흑 속에서 이리 뛰고 저리 뜁니다. 하늘에는 희망의 별 하나 보이지 않습니다. 저 쪽 어구에 비추이는 깨알 같은 등대의 깜박거리는 불도 꺼질 때가 있습니다.

그러나 저는 가렵니다. 약하고 힘없는 두 팔다리로 저 보이지 않는 포구를 향하여 형형색색의 파문을 그리면서 가기는 가렵니다. 오늘에 그려 놓은 파문의 한 폭이 내일에 그릴 파문을 낳고 내일에 그려 놓은 파문의 한 폭이 모레의 그것을 낳아 저 쪽 포구에 이를 때에는 대양으로 나아가는 힘있는 여울 물결 위에 거룩하고 꽃다운 성공의 파문을 그리려 합니다.

아아, 그 때에는 암흑에 날뛰는 미친 파도나 때없는 폭풍 폭우나 밀려오는 인습의 물결이나 모든 환경의 그 모진 파도가 그 거룩하고 꽃다운 파문 하나는 지워 버리지 못할 것이며 삼켜 버리지 못할 것이지요. 이 작은 일엽편주는 그 때가 되어 부딪쳐 깨어지거나 물결에 씻겨 사라지거나 저는 다만 죽어가는 목구녕 속으로라도 넘치는 환희와 복받치는 기쁨으로 영생의 노래를 부를 것이외다.

둘째

---

*울멍줄멍 올망졸망. 크고 뚜렷한 여러 귀여운 것이 고르지 않게 벌여 있는 모양.

오늘은 웬일인지 일기가 전에 보지 못하게 음침합니다. 답답한 심사와 침울한 감정을 양기있고 청징하게* 하려 애를 썼으나 그것은 실패하였습니다.

　아침에 밥을 먹은 저는 열두 시가 되도록 습기찬 방바닥에 누워 있었습니다. 오고 가는 공상이 어떠한 때는 저를 웃기더니 어떠한 때는 울리더이다. 저의 젊은 아내는 오색 종이로 바른 반짇고리*를 옆에 놓고 별 같은 두 눈을 깜박거리며 저의 입고 나아갈 두루마기 끈을 달고 있었나이다. 저는 저의 아내를 볼 때마다 불쌍한 생각이 납니다. 나이 젊은 아내의 고생살이를 생각할 때마다 저의 심정은 웬일인지 쓰립니다. 제 옆에 앉아 있는 그 젊은 아내가 과연 저의 이상을 채우는 아내는 아니외다. 사랑과 사랑이 결합하여 된 부부가 아니외다. 자각있는 애인의 조화있는 사랑은 아니외다. 그는 무엇을 믿고서 나의 아내가 되었으며 무슨 각성을 가지고 나를 사랑하는지 알 수가 없습니다. 애인과 애인이 서로 만나는 것이 가장 큰 대담한 일이라 하면 애인도 아니요 애인도 아닌 이 두 사람의 서로 결합된 것도 위태하게도 대담한 것이외다.

　위태한 것을 똑같이 한 이 A도 불쌍한 용자이지마는 그것을 지금까지 알지 못하는 저의 젊은 아내도 어리석은 용자이외다. 우리 두 사람이 과연 원만하게 애인의 카락을 두 몸에 얽어 놓겠습니까? 강대한 세력을 두 사람의 붉은 핏속에 부어 주는 것이 무엇입니까?

　그러나 어린 자식은 절더러 '아빠 아빠' 합니다. 그리고 저의 아내더러는 '엄마 엄마' 합니다. '엄마 엄마'라 부르는 그 소리를 들을 때마다 알지도 못하게 저의 마음은 깨끗하여지며 어느 틈엔지 따가운 귀여움이 저의 가슴을 채웁니다. 어린애가 웃으면 저도 웃습니다. 그러면 저의 아내도 웃습니다. 저의 아내의 웃는 눈은 반드시 나의 얼굴을 바라

＊ 청징(淸澄)하게　맑고 깨끗하게.
＊ 반짇고리　바늘, 실 따위의 바느질 도구를 담는 그릇.

봅니다. 철없는 아이가 재롱부려 웃을 때는 저의 웃음과 저의 아내의 웃음소리는 보이지 않는 공중에서 서로 얼크러져 입을 맞춥니다. 그 때에는 모든 불평 모든 고통이 그 방 안에서 내쫓겨 버립니다.

오늘도 남향한 창에는 햇빛이 따뜻하게 드는데 철없는 어린 자식은 방 한 귀퉁이에서 자막대기*를 가지고 몽글몽글한 두 다리를 쪽 뻗고서 무엇이 그리 재미있는지 콧소리를 새끈새끈하며 장난을 하고 있을 때 답답한 감정이 공연히 저의 상을 흐리게 하였으나 근지러운 살과 부드러운 입김을 가진 저의 아내가 고요한 침묵을 가는 바늘로써 바느질할 제 웬일인지 눈을 감는 저의 전신의 모든 관능은 힘을 잃는 것같이 노곤하여졌나이다.

잠들지 않은 나의 정신은 혼농한 가운데 젖어 있을 때 나의 아내는 무엇을 생각하는지,

"여보셔요, 날이 점점 추워 오는데 월급 되거든 어린애 모자 하나 사 오셔요."

하였습니다. 이 말을 듣는 저는 듣고도 못 들은 체하였습니다. 그리고 속마음으로는,

'화구도 살 것이 있고 책도 좀 사야 할 터인데 어린애 모자는 천천히 사지.'

하며 아내의 말에 공연한 심증*이 났습니다. 그 싫증은 결코 아내의 말이 부당한 말이나 어린아이의 모자를 사다 주는 것이 아까워 그리 한 것이 아니라 경제의 압박을 당하여 오는 저는 돈이란 소리를 들을 때마다 쌓아 오고 쌓아 온 불평이 공연히 좋던 감정도 얼크러뜨려 버립니다.

저의 아내는 여러 번 그런 일을 말하면서도 저의 대답하지 않는 것이 무안한 듯이 한참이나 아무 소리가 없다가,

---

* **자막대기** 자로 쓰는 대 막대기나 나무 막대기.
* **심증(心症)** 마음에 마땅하지 않아 화를 내는 일.

"왜 남의 말에 대답이 없소?"

하였습니다. 나는 여전히 말대답이 없이 드러누워 있었습니다. 아내는 또다시,

"어린애 모자 하나 사다 주기가 무엇이 그리 어려워서."

하더니 아무 소리도 없이 다 꿰매인 두루마기를 툭툭 털어 저의 누워 있는 다리 위에 툭 던졌습니다.

"때때모자? 응 엄마."

자막대를 가지고 장난하던 어린애는 모자 소리를 듣더니,

하고 벙긋벙긋 웃으면서 저의 아내를 쳐다보며 달려듭니다.

이것을 본 저의 아내는 토라졌던 얼굴을 다시 고쳤는지,

"글쎄 이것 좀 보시우. 모자 모자 하는구려."

하며 아무 말 없이 두 눈 위에 팔을 얹고 누워 있는 저의 가슴을 가만히 연하고 부드럽게 흔들었습니다. 저의 아내의 매낀매낀한 손가락이 저의 옷 위에서 꼼지락거릴 때에 저의 피부 밑으로 지나가는 가는 신경은 무엇에 취한 듯한 감각을 저의 핏결 속에 전하는 듯하였습니다.

저는 다만,

"왜 이리 구찮은……."

하고 팔꿈치로 아내의 손을 툭 치며 다시 돌아누웠습니다. 제가 본래 신경질임을 아는 아내는 조금도 노여워하는 기색이 없이 다만 생글 웃으면서 가장 노한 듯이,

"고만두구려. 어서 옷이나 입고 나가요. 대낮에 드러누워 있는 것이 갑갑해 못 견디겠구려."

하는 목소리는 웬일인지 마음 약한 저의 거짓 노여워함을 오래 가게는 못 하였습니다. 저는 다만 벌떡 일어나며 아내의 얼굴을 한번 쳐다보고,

"엥, 그 등쌀에 누워 있을 수가 있어야지. 두루마기 어쨌소?"

하며 웃음을 참지 못하고 빙그레 웃었습니다. 저의 아내도 웃음이 떠도

는 얼굴에 거짓 노여움을 섞으면서,

"그것 아니고 무엇이오?"

하며 방바닥에 놓여 있는 저의 두루마기를 가리켰습니다.

저는 다만 무안한 가운데도 우스운 생각이 나서 아무 말이 없이 두루마기를 입고,

"지금 몇 시나 되었을고?"

하며 혼자말을 하고는 모자를 집어 썼습니다.

저는 바깥으로 나왔습니다. 젊은 아내와 정에 겨운 싸움을 하고 나온 저의 마음은 바깥에 나와 비로소 그 시간에 일어난 역사가 그립고 애착하는 생각이 났습니다. 새로운 공기와 푸른 하늘이 거의 공연히 센티멘털한* 심정을 녹이며 부드럽게 하여 줄 때 웬일인지 반웃음과 반노여움을 섞은 저의 젊은 아내의 얼굴과 그의 표정이 말할 수 없이 저의 마음을 매쉬케 하는 듯하였습니다.

저는 저의 친구를 찾아 MW사로 향하여 오면서 생각하는 것은 저의 아내뿐이었으며 그 아내가 청하던 어린 자식의 새 모자였습니다. 저는 월급을 타거든 모자를 사다 주리라 하였습니다. 그래서 어린아이의 마음을 기쁘게 하기도 할 뿐만 아니라 아이의 어머니 된 젊은 아내의 마음을 즐겁게 하여 주리라 하였습니다.

셋째

MW사에 왔습니다. DH, WC는 서로 바라보며 무슨 걱정인지 하고 있었습니다. 웬일인지 그 넓지 못한 방 안에서는 검푸른 근심의 그늘이 오락가락 하였습니다. 저는,

---

* 센티멘털하다 감상적·감정적이다.

"웬일들이야? 무슨 걱정들 있었나?"

하였습니다.

얼굴 검은 DH는,

"그렇지 않아도 자네를 기다렸네. 그런게 아니라 NC의 아내가 앓는다는 기별이 왔는데 본래 구차한 그 사람이 어떻게나 근심을 하겠나. 그래서 오늘 NC의 집까지 가 볼까 하고 자네를 기다리던 터인데."

"무어야? NC의 아내가?"

"그래."

"그것 안 되었네그려. 그러면 언제 가려나? 차비들은 준비 되었나?"

"그것은 내가 준비하였어."

"그러면 가 보세그려."

저는 다만 친구의 불쌍한 처지에 동정하는 마음을 견디지 못하였습니다. NC의 집은 시골입니다. 더구나 한적한 촌입니다. 그의 생활은 부유럽지 못하고 빈곤합니다. 그는 지금 자기의 손으로 농사를 짓습니다. 아침에 괭이 메고 논으로 갑니다. 저녁이면 시름없이 자기 집으로 돌아옵니다. 돌아온 그는 깜빡깜빡하는 유경 밑에서 깨알 같은 책을 봅니다. 그리고 시를 씁니다. 그의 시는 선생님도 보신 바가 있겠지요마는 참으로 완벽을 이룬 것이 적지 않습니다. 저는 NC의 한적한 생활을 부러워합니다. 조금도 불평이 없이 조금도 변함이 없는 그의 굳은 신앙 아래 살아가는 것을 저는 부러워합니다. 저는 그의 눈물을 못 보았습니다. 그의 한숨이 저의 귀를 서늘하게 하지 못하였습니다.

넷째

사랑하시는 선생님. 사람의 눈물이 있다고 하면 이러한 경우에 울지 않는 사람은 없을 것이지요? 만일 참으로 그 눈물이 눈물이라 하면 이와 같은 눈물이 참눈물이겠지요.

오늘 저녁이외다. 저희 세 사람은 NC의 사는 시골에 왔습니다. 정거장에서 십 리를 걸어 들어올 제 저희 세 사람은 참으로 공통된 의식 공통된 감정을 머릿속과 가슴 속에 품고 있었습니다.

멀리 보이는 작은 별들은 옛날의 동방박사들을 베들레헴으로 인도한 듯이 우리를 보고서 재롱부리어 깜빡거립니다. 다닥다닥한 좀생이*는 간지러운 듯이 옹기종기합니다. 밤은 어둡고 길은 험하오나 저희를 이끌어가는 그 무슨 세력의 선이 끝나는 저편에는 반정*이라는 낙원이 있습니다. 동지라는 그리운 '에덴'이 있습니다.

말이 없고 소리가 없이 걸어가는 우리 세 사람은 다만 쓸쓸하고 적막하고 심심하고 무미담담한 NC의 집을 찾아가면서도 우리의 끓는 피와 타는 정열은 그 찾아가는 한적한 농촌을 싸고 도는 가만한 공기를 꽃답고 찬란하게 그려 놓으려 하였습니다.

그러나 NC의 집에 다다랐을 때가 되었습니다. 초가집 가장자리를 싸고도는 암흑 속에서 이리 갔다 저리 갔다 혼자 왔다갔다하는 사람이 있었습니다. 그는 그 때 눈을 감고 하늘을 쳐다보고 있었습니다. 우리는 그를 NC로 알았습니다. 우리는 다만,

"NC!"

하고 반가운 두 손을 내밀었습니다. 이것을 본 NC는 다만 아무 소리가 없이 파리한 두 손을 내어밀며,

"야, 어떻게들 이렇게 내려왔나?"

하며 힘없는 말소리에 처량한 기운이 도는 목소리로 대답을 하였습니다. 우리 세 사람의 마음 속에는 NC의 말소리를 들을 때에 그 무슨 애매한 의식을 깨달았습니다. 인생의 애가, 마음 아프고 가슴저린 그 무

---

* **좀생이** 28수의 열여덟째 별. 120개 가량의 별로 구성되어 있음.
* **반정** 올바른 성정으로 되돌아감.

슨 노래를 듣는 것처럼 NC의 목소리에서는 푸른 기운이 돌았습니다.

NC는 아무 말이 없이 다만 번갈아가며 우리 세 사람의 손을 단단히 쥐었습니다. 그리고는,

"나의 아내는 삼십 분 전에 영원한 해결의 나라로 갔네."
하였습니다. NC의 눈에서는 여태까지 보지 못하던 눈물이 흘렀습니다. NC의 가슴은 에이고 붉은 피는 식히고 애탄의 결정인 뜨거운 눈물은 다만 차디찬 옷깃을 적시고 시름없이 식어 버리더이다.

그 누가 말한 바와 같이 하늘에는 별이 있습니다. 땅에는 꽃이 있습니다. 바다에는 진주가 있습니다. 우리 사람에게는 뜨겁게 반짝이는 눈물이 있습니다. 누가 이것을 보고 울지 않는 이가 있고 누가 이 꼴을 보고 눈물 흘리지 않는 이가 있을까요? 우리 세 사람은 한참이나 선 채로 울었습니다. 친한 친구, 사랑하는 동지자의 사랑하는 아내가 죽어가는 것을 보았을 때 새삼스럽게 우리 인생의 모든 비애가 심약한 우리들을 울리었습니다.

다섯째

오래 뵈옵지를 못하였습니다. 일 주일 동안이나 NC의 집에 있었습니다. NC의 아내의 장례는 저희가 시골에 간 지 이틀 뒤였습니다.

초가을은 으스스하였습니다. 나뭇잎은 시체를 담은 상여 위에서 시들어가는 듯이 춤을 추었습니다. 상여꾼들의 목늘여 부르는 구슬픈 비가는 길고 느리게 공동 묘지로 향하는 산 고개를 넘어가더이다.

아! NC의 아내는 영원히 갔습니다. 동리를 거치고 산모퉁이를 지나서 영원히 갔습니다. 그러나 NC의 머릿속에서 끝없이 울고 있을 그의 환영은 길고 긴 세월을 두고 우리 NC를 얼마나 울릴까요? 회고의 기억 속에서 시들스럽게 춤추는 그의 그림자는 몇 번이나 NC의 두 눈을 감

개무량하게 하겠습니까?

새벽 서리 차디찬 밤, 초생달 갸웃스름한 저녁에 애타는 옛 기억, 마음 아픈 옛 생각은 어느 곳 어느 자리에서 NC를 울릴까요?

제가 NC의 아내의 장례에 참석하였을 때에는 저도 또한 죽음과 생의 경계선에 서 있는 듯하였습니다. 죽음과 삶이라는 것이 무엇이 다른 것인가요? 살아 있다 함은 육체에 혈액이 돌고 모든 것을 의식하고 모든 것을 감각한다 함입니까? 죽음이라 하는 것은 모든 관능이 육체의 썩어짐과 함께 그 활동을 잃어버린다 함입니까? 저는 무한한 비애를 아니 느낄 수가 없습니다.

여섯째

어저께 시골서 올라왔습니다. 오늘은 웬일인지 일기가 청명하더이다. 가냘픈 달콤한 공기가 저의 콧속을 통하여 쉴새없이 벌룩거리는 폐속으로 지나 들어갈 때 어저께까지 시들은 듯한 저의 혈액은 다시 정해진 듯하더이다.

'낙망' 이라는 그림을 그리면서 낙망을 염려하는 저는 쉬지 않고 꽃다운 희망으로 저의 가슴을 채웠었습니다. 그윽한 법열*속에서 브러시와 팔레트*를 움직일 때 저는 살았었으며 생의 진실을 맛보았습니다. 다만 제가 팔레트를 들고 캔버스를 격하여 앉았을 때가 저의 참 생이었습니다.

'낙망' 이라는 모토를 가진 그림을 그리면서도 무한한 장래와 끝없는 유열*이 있었습니다. 애인의 손을 잡고 그의 귀밑에 눈물을 떨어뜨리며

---

* 법열(法悅) 깊은 이치를 깨달았을 때와 같은 황홀한 기쁨.
* 팔레트(palette) 그림 그릴 때 그림 물감을 섞어 필요한 빛깔을 내는 데 쓰이는 도구.
* 유열(愉悅) 유쾌하고 기쁨.

자기의 흉중을 하소연할 때와 같이 정결하고 달콤한 맛이 저의 전신을 물들였습니다.

오늘은 웬일인지 정신이 청징하였습니다. 일 주일 가까이 자극이 적은 향토에서 논 까닭인지는 알 수 없으나 어떻든 한아한* 정신으로 노곤한 안일 속에 오늘 하루를 지내었습니다.

그러나 안일에도 권태가 있고 법열도 깨일 때가 없지 않았습니다. 육체의 권태는 정신까지 권태하게 하더이다. 또다시 법열까지 깨뜨려 버리더이다.

저는 기지개 한 번 하고 팔레트판을 내던졌습니다. 그리고 캔버스를 집어치우고 외투를 입고 모자를 쓰고 시계를 보았습니다. 시계는 두 시를 가리키고 있었습니다.

저는 두 시간의 여가가 있음을 알았습니다. 그래서 그 권태를 녹이기 위하여 SO의 집으로 가려 하였습니다.

SO는 불쌍한 여성이외다. 한 다리가 없는 불구자이외다. 나이는 이십 세이외다. 그는 한쪽 없는 다리를 끌면서 추우나 더우나 학교에를 십여 년이나 다녔습니다. 제가 중학교 사학년 다닐 때에 아침이면 같은 길모퉁이에서 만나는 것이 연이 되어 그와 사귀게 되어 지금까지 삼 년 동안을 지내왔습니다.

그에게는 나이 늙은 어머니 한 분밖에는 없습니다. 아침이나 저녁에 학교에 가고 올 때에는 그는 반드시 자기 딸의 학교에 가고 학교에서 오는 것을 바라보고 기다렸다 합니다. 학교에서 무슨 일이 있어 늦게 돌아오게 되면 그의 늙은 어머니는 반드시 학교 문 앞까지 와서 자기의 딸을 기다리고 있었다 합니다.

아아, 선생님. 불구자의 모녀의 생활은 참으로 눈으로 볼 수 없고 생

---

* 한아(閑雅)하다 한가롭고 아담한 멋이 있다.

각할 수 없게 불쌍하고 참담합니다. 그의 물질적 생활은 이 세상에서 제일 비참합니다. 그는 남의 집 곁방에서 바느질품으로 그날 그날의 생활을 계속하고 있습니다.

오늘도 그 불쌍한 불구자를 찾아왔습니다. 문을 들어서며 기침을 두어 번 하였습니다.

그러나 웬일인지 그 전에는 반드시 반가이 맞아 주던 그 불구의 여성, 오늘은 그의 그림자를 볼 수가 없었습니다.

문간에 들어선 저의 마음은 저녁때쯤 산골짜기를 헤매는 듯이 휘휘하였습니다*. 가련한 불구의 여성이 나를 맞아 주지 않는 것이 저의 마음을 울게 하였습니다.

저는 또다시 기침을 하고 구멍이 뚫어지고 문풍지가 펄럭펄럭하는 방문을 열려 하였습니다.

그러나 저는 그 문을 열지 못하였습니다. 숭숭 뚫어진 문 틈으로 새어 나오는 불구인 여성의 모녀의 울음소리는 저의 감정을 연민의 정으로 물들였습니다.

저는 다만 망연하게 아무 말 없이 서 있었습니다. 말없이 서 있는 저의 주위는 나른한 공기가 불구자의 어머니와 불구인 여성의 울음소리를 싣고서 시들어지는 듯이 선무를 추었습니다.

조금 있다가 문이 열리더니 나오는 사람은 그의 늙은 어머니였습니다. 그는 치맛자락으로 눈물을 씻으면서 저를 바라보더니,

"오셨습니까? 어서 방으로 들어가시지요."

하며 돌아서서 코를 풀었습니다. 저는 무엇이라 물어 볼 말도 없거니와 또다시 말할 것도 없어 다만,

"네, SO는 있나요?"

---

* **휘휘하다** 무서울 정도로 쓸쓸하고 적막하다.

하며 방 안을 들여다보았습니다. SO의 어머니는,

"네, 있어요."

하고 저의 말에 대답을 하더니 다시 방 안을 들여다보며,

"애, 선생님 오셨다."

하였습니다.

방 안에는 SO가 돌아앉아 여태껏 울고 있는지 차마 고개를 돌리지 못하고 다만 치마끈으로 눈물만 씻고 있었습니다. 그러나 제가 온 것을 보고서는 그대로 고개를 숙이고 몸을 틀어 돌아앉으면서,

"어서 오십시오."

하고 발갛게 피가 오른 두 눈으로 저를 쳐다보더니 다시 눈을 방바닥으로 향하였습니다.

저는 들어가기를 주저하였습니다. 그렇다고 그대로 돌아갈 수는 없었습니다.

저는 구두를 끄르고 그 방 안으로 들어갔습니다. 방 안으로 들어가려 할 때 마루 끝에 놓여 있는 SO의 다리를 대신하여 주는 나무때기가 저의 발에 채여 덜컥 하였습니다. 저는 그 때 근지럽고 누가 옆에서 '에비' 하고 징그러운 것을 저의 목에다 던져 주는 듯이 진저리를 치는 듯이 방 안으로 뛰어들어갔습니다.

SO는,

"오늘은 시간이 없으셔요?"

하며 다른 때와 다르게 유심히 저를 쳐다보았습니다. 저는,

"이따가 네 시에나 시간이 있으니까요. 잠깐 다녀가려고 왔어요."

하고 자리를 정하고 앉았습니다.

"댁에 무슨 좋지 못한 일이 생겼습니까?"

하고 저는 그의 운 이유를 알아보려 하였으나 그는 다만,

"아녜요."

하고 부끄러움을 띠우며 아무 말이 없었습니다.

저도 또다시 무엇이라 물어 볼 수가 없어서 다만 사면만 돌아다보며 아무 소리가 없었습니다.

SO는 한참이나 가만히 있었습니다. 그러다가 반쯤 떨리는 목소리로,

"선생님."

하고 저를 부르더니 또다시 아무 말이 없이 한참이나 꼼지락꼼지락 하는 손가락만 바라보다가 저의,

"네."

하는 대답을 재촉하는 듯이 또다시,

"선생님."

하였습니다. 저는,

"네."

하고 그의 구부린 머리의 까만 머리털만 바라보았습니다.

"저는 병신입니다."

하더니 여태까지 참았던 눈물이 또다시 떨어져 방바닥으로 시름없이 굴렀습니다. 이 소리를 듣는 저도 같이 울고 싶었습니다.

"저는 병신인데요."

하고 힘있는 어조로 또다시 한 말을 거푸 하더니 그대로 방바닥에다가 엎드러져 울면서 목메인 소리로,

"병신인 저도 피가 있고 감정이 있습니다. 뜨거운 눈물과 새빨간 정열이 있습니다. 그러하나 불쌍한 저는 그 눈물을 가지고 혼자 우나 그 눈물을 알아 주는 사람이 없으며 그 정열을 혼자 태웠으나 그것을 받아주는 이가 없어요. 불쌍한 사람은 세상에서 더욱 불쌍한 구덩이에 틀어박으려 할 뿐이야요."

하며 느껴가며 울었습니다.

"저를 A씨는 불쌍히 여겨 주십니까? 만약 참으로 불쌍히 여겨 주신

다면 이 저의 마음까지 알아 주셔요.”

하고 애소하듯이 저의 무릎에 엎드려 울었습니다.

선생님, 누가 이 말을 듣고 울지 않는 자가 있으며 누가 불쌍히 여기지 않는 자가 있을까요? 저는 다만 SO를 껴안고 한참이나 울었습니다.

“SO씨 울지 마셔요. 나는 당신을 불쌍히 여깁니다. 참으로 동정합니다.”

“그러면 한 다리 없는 불구자인 저를 길이길이 사랑하여 주시겠어요?”

이 말을 들은 저는 다만,

“네?”

하고 아무 말이 없었습니다. 저는 그 말에 대답을 하지 못하였습니다. 저의 눈앞에 나타나 보이는 것은 저의 나이 젊은 아내였습니다. 자막대기 가지고 놀고 있던 어린아이였습니다.

SO는,

“네 A씨, 대답을 하여 주셔요.”

하고 저를 애소하는 두 눈에 방울방울 눈물을 고이고서 쳐다보았습니다.

아! 선생님. 이 SO를 저는 참으로 불쌍히 여깁니다. 참으로 동정합니다. 그가 눈물을 흘릴 때에 나도 눈물을 흘립니다.

그가 속태울 때에는 나도 속을 태우려 합니다. 하늘 안에 지구 한 점 위에서 꼼지락거리는 이 병신인 SO를 저는 힘껏 붙잡고 울더라도 시원치가 못할 것입니다.

그러나 선생님, 그 불쌍히 여기는 마음이 생기는 그 찰나 사이에 벌써 사랑이라는 것이 간 것이 아닐까요. 그의 손을 잡고 따라서 같이 우는 것이 사랑이 아니었을까요?

그러나 이 불구의 여성은 저를 사랑하려 합니다마는 저는 여성의 사랑을 얻고서 도리어 가슴이 아팠습니다. 진정한 사랑을 받으면서 그것을 물리치지 않을 수가 없었습니다.

　저는 불구인 여성의 뜨거운 사랑을 받기에는 너무 불행한 사람이외다.

　선생님, 육체의 불구자는 그 불구를 동정한 저로 말미암아 사랑의 불구자가 될 줄이야 꿈에나 알았사오리까?

　사랑은 곧은 것이요 굽은 것 아니니 저는 벌써 그 곧은 길 위에 선 사람이외다. 저의 아내를 사랑하지 않는 바가 아니었나이다. 그러면 저는 저의 아내에게로 향하는 꼿꼿한 사랑을 일부러 꺾어 이 불구의 여성을 사랑할 수 없었습니다.

　불구의 여성이 불구의 여성이므로 그를 동정하는 동시에 저의 사랑을 불구가 되게 할 수는 없었습니다.

　그러나 이 불구자의 눈물은 그 눈물이 저의 무릎 위에 떨어지는 때부터 아니올시다.

　그의 사랑이 저에게로 향할 때부터 벌써 그의 가슴에 어리어 있는 사랑을 불구자 되게 하였습니다. 그의 한 다리가 없는 것과 같이 그의 사랑은 한 쪽 없는 사랑이었습니다.

　저는 다만,

　"SO씨, 울지 마셔요. 저의 가슴은 SO씨의 눈물로 인하여 녹아 버리는 듯하외다. SO씨의 눈물방울이 저의 마음 위에 한 방울씩 두 방울씩 떨어질 때마다 그 무슨 화살로 꿰뚫는 듯이 아프고 쓰립니다."

할 뿐이었나이다.

　"A씨, 저는 다만 A씨 한 분이 저를 참으로 사랑하여 주실 줄 알았었는데요."

하는 SO는 그 무슨 대답을 기다리는 듯이 아무 말이 없었습니다. 저는 다만,

　"그만 우세요. 자, 일어나세요."

하고 가리지 못한 눈물을 씻을 뿐이었나이다.

저는 어제날까지 많은 여성의 사랑을 받는 자를 행복자라 하였었습니다. 그러나 오늘 이 불구자의 하소연을 들을 때에 비로소 정의 가슴이 아팠었습니다.

한 개의 사랑을 두 군데로 자르려 할 때 그 아픔을 알았었습니다. 그 쓰림을 알았습니다. 한 개인 사랑을 가진 한 사람이 여러 사람의 여러 사랑을 받는 것의 그 가슴 저리고 불행한 것을 알았습니다.

아! 그러나 그 불구자는 더욱더욱 불구자가 되어 갈 터이지요. 낙망과 원한의 심연에서 하늘을 우러러 그의 불행을 부르짖을 터이지요? 그 부르짖음의 애처로운 소리는 저의 피를 얼마나 식힐까요? 그 소리는 영원토록 저의 귀 밑에서 슬피 울 터이지요?

선생님, 저는 이 참으로 사랑하는 여성의 사랑을 매정하게 물리쳐야 할 것입니까? 영원토록 받아 주어야 할 것입니까? 불쌍한 자의 울음을 들어 주어야 할 것입니까?

불구자의 애소의 눈물을 저의 가슴에 파묻히도록 안아야 할 것입니까? 저는 다만 기로에 방황하며 약한 심정을 정하지 못하고 헤매일 뿐입니다.

"네, 알았습니다. 그러나 저는 SO씨의 말씀에 그렇게 속히 대답할 수는 없습니다."

"그러면 언제 대답을 하여 주시겠습니까?"

"네, 그것은 천천히 해 드리지요."

하는 묻고 대답하는 말이 우리 두 사람 가운데에는 교환되었습니다.

SO는 의심하는 듯이,

"그러면 저를 절대로 사랑하여 주시지는 않는다는 말씀이지요. A씨의 가슴에는 저를 위하여서는 절대의 사랑이 없으시다는 말씀이지요?"

하며 원망하듯이 저를 쳐다보았습니다. 저는 무엇이라 대답할는지 몰랐습니다. 참으로 저에게 절대의 사랑이 그 때 있었습니까? 참으로 없었습니다.

절대의 동정과 연민은 있었을는지는 알 수 없어도 절대의 사랑은 없었습니다.

타산이 있었으며 주저가 많았었습니다. 어떠한 때에는 불구자라는 근지러운 대명사가 저를 진저리치게까지 하였습니다.

아무 대답도 없는 저를 보던 SO는,

"저는 알았습니다. 저는 영원토록 불구자이외다. 한 귀퉁이가 이지러진 사랑의 소유자이외다. 그뿐 아니라 저는……."

하더니 단념과 원망이 엉킨 두 눈에는 어리석은 눈물이 어느 틈에 말라버리고 냉소와 저주가 맺힌 듯할 뿐이었습니다.

이 소리를 듣는 저는 어쩐지 마음이 으스스 차고 몸이 달달 떨리는 듯하여 그의 눈물을 다시 보고 싶었습니다. 그리고는 그의 단념과 원망과 냉소와 저주의 맺힌 듯한 표정을 볼 때 저는 또다시 그의 마음을 풀어뜨리어 힘없고 연하게 울리고 싶었습니다. 저는,

"SO씨."

하고 그의 손을 잡으며,

"저는 영원토록 SO씨를 잊지는 못하겠습니다."

하였습니다. 그는,

"네 저를 잊지는 말아 주셔요. 저도 눈을 감을 때까지는 A씨를 잊지는 못하겠지요."

할 뿐이었습니다.

일곱째

SO의 집에서 나온 저는 학교를 향하여 갔었습니다. 아까까지 청징하

던 심신은 웬일인지 불구인 여성의 집을 다녀온 후부터는 흐릿하고 몽롱할 뿐만 아니라 침울하고 센티멘털로 변하였습니다.

저는 학교에를 갑니다. 한 시간의 도서를 가르치기 위함보다도 그 보수를 바라고 갑니다.

세상의 제일 불행한 범죄가 있다 하면 아마 이와 같은 자이겠지요. 뜻하지 않고 내 마음에 있지 않은 짓을 한 뭉치의 밥덩어리와 김치 몇 쪽의 충복할 식물을 위하여 알면서 행한다 하면, 죄인 줄 알면서 타인의 물건을 도적한 기한에 쪼들린 자와 얼마나 나을 것이 있겠습니까?

남의 물건을 도적한 자의 양심이 떨린다 하면 그만큼 비례한 저의 양심도 떨리었을 것이며 박두하는 기한에 못 이겨 다른 사람의 물건을 도적한 사람의 생을 갈구한 것을 동정할 것이라면 생명을 이어 얻기 위하여 자기의 양심을 속이는 이 A라는 화가도 또한 동정을 구할 수가 있을 것일는지요?

저는 학교 정문에 들어섰었습니다. 그 때 마침 M교주가 학교를 다녀가는 길인지 자동차에 오르려 할 때였었습니다. 그 때에 그 간사한 이 선생은 M교주의 팔을 부축하여 자동차 속으로 몰아넣었습니다. 저는 이것을 보고 크게 웃었습니다. 옆에서 저의 웃는 것을 보는 박 선생은,

"왜 웃으시우?"

하며 눈을 흘기더니,

"그게 무슨 무례한 짓이오?"

하더이다. 저는 또다시 한번 껄껄 웃으면서,

"박 선생은 나의 웃는 의미를 모르시는구려."

하고는,

"인형이외다, 인형예요. 두 팔 두 다리가 있고도 못 쓰는 인형이외다. 인형은 인형이니까 말할 것도 없지마는 인형을 부축하는 어리석은 사람을 보구서는 나는 아니 웃을 수가 없지요."

하고는 그대로 돌아서서 교실 안으로 들어갔습니다.

오늘은 그믐날이외다. 월급 타는 날이외다. 사무실에 들어선 저는 다만 보이는 것이 회계의 동정뿐이었습니다. 그리고 그 돈을 가지고 쓸 궁리를 하고 있었을 뿐이었습니다.

오늘도 어린애 모자를 하나 사다 주고 사랑하는 아내의 목도리를 하나 사다 주어야 하겠다 하였습니다.

이십오 원이라는 월급을 기다리는 저의 마음은 웬일인지 씁쓸하고도 저의 몸이 불쌍해 보였습니다. 그리고 공연히 심증이 났습니다.

교실에 들어가 백묵을 들고서 칠판 위에 그림을 그릴 때에는 모든 학생들까지 밉살스러울 뿐이었습니다. 그리고 그 학생들이 저의 운명을 이렇게 만들어 준 듯하기도 하였습니다. 저는 마음에 없는 한 시간을 아니 지낼 수가 없었습니다.

그 날은 학생들에게 숙제를 해 오라고 한 날이었습니다. 근 사십 명 학생 중에 숙제를 해 오지 않은 학생이 다섯이 있었습니다. 그 중에 나이 적고 옷을 헐벗은 학생은 제가,

"왜 숙제를 안 그려왔소?"

할 때 그는 다만 아무 말 없이 한참이나 있더니 뜨거운 눈물을 흘리면서 자꾸자꾸 울고 섰을 뿐이었습니다.

다른 애 학생은 여러 가지 핑계로써 선생인 저를 속이려 하였습니다. 저는 그 눈물 흘리는 학생을 바라보고 또다시 다 뚫어진 양말을 볼 때 어쩐지 측은한 생각이 나서,

"왜 대답은 아니하고 울기만 하시오?"

하며 그의 어깨에 팔을 대니 선생인 저의 손이 그의 어깨를 어루만지는 것이 더욱 그의 감정을 느즈러지게 하였던지 더욱더욱 느껴 울 뿐이었습니다.

그러다가는 북받치는 울음소리와 함께,

"집에서 돈이 없다고 도화지를 사 주지 않아요."

하였습니다.

선생님, 제가 이 학생을 벌줄 자격이 있습니까? 없습니까? 저는 다만 창연한 두 눈으로 그 어린 학생을 바라보며,

"여보시요, 참 마음만 있으면 그만이오. 나는 당신의 그림 그려오지 않은 것을 책하려 한 것이 아니라 당신의 참성의가 없었는가 하는 것을 책하려 함이었소. 당신의 눈물 한 방울은 오늘 그려오지 못한 그 그림보다 몇 배의 가치가 있는 것이오."

하였습니다.

하학 후 사무실로 나왔습니다. 회계는 나를 보더니 은근한 듯이,

"A선생님, 이리로 좀 오십시오."

하고 자기 곁으로 부르더니 봉투에 집어 넣은 월급을 저의 손에 쥐어 주면서,

"담배값이나 하십시오."

하였습니다.

저는 그것을 받는 것이 어쩐지 부끄러웠습니다. 그래서,

"네 고맙습니다."

하고 그대로 보지도 않고 주머니에 넣었습니다.

날은 점점 어두워 가느라고 회색의 저녁 빛이 온 시가를 싸고 도는데 저는 학교 문밖에 나와서야 그 봉투를 다시 끄집어 내어 그 속에 있는 돈을 꺼내어 보았습니다.

그 속에는 십칠 원 오십 전, 십칠 원 오십 전이 들어 있었습니다. 저는 멈칫 하고 섰습니다. 그리고,

"어째서 십칠 원 오십 전만 되나?"

하고 한참이나 의아하여 생각을 하고 있을 때에 문득 생각나는 것은

NC의 집에 갔었던 것이외다.

아내 잃은 친우를 찾아갔던 일 주일간의 노력의 대가는 학교에서는 제하여졌습니다.

아! 선생님, 저의 손에는 십칠 원 오십 전이 있습니다. 일 개월 노력의 대가는 십칠 원 오십 전이외다. 불쌍한 젊은 화가의 양심을 부끄럽게 한 죄의 대가가 십칠 원 오십 전이외다.

저는 하는 수 없었습니다. 회색 봉투에 집어 넣은 그 돈을 들고 SO의 집까지 무의식 중에 왔습니다.

하늘의 구름장 사이로는 가렸다 보였다 하는 작은 별들이 이 우스운 젊은 A를 비웃는 듯이 내다보고 있었습니다. 회색의 감정이 공연히 저의 마음을 울분하고 원망스럽게 하였습니다.

SO의 집에는 무엇하러 왔을까요? 그것은 저도 알지 못하였습니다. 문간에 와서야 내가 무엇 하러 여기를 왔나 하고 그대로 집으로 돌아가려 하였었습니다.

그러나 저의 가슴에서 때없이 울고 있는 그 무슨 하모니는 저의 발을 SO의 집 안으로 끌어들였었습니다. 그러나 저는 그 전과 같이 서슴지 않고 그대로 들어갈 수가 없었습니다. 조그마한 집 조그마한 문으로 흘러나오는 무거운 공기는 급히 흐르는 시냇물같이 저의 가슴으로 몰려오는 듯하였습니다.

저는 다만 문간에 서서 도적놈같이 문안을 엿듣고 망설였습니다.

선생님, 사랑도 아무것도 하지 않겠다고 할 적에는 서슴지 않고 아무 불안도 없이 다니던 제가 오늘은 어찌하여 죄지은 자 모양으로 들어가기를 주저하였으며 가슴이 거북하였을까요?

죄악이 아닌 사랑을 주려 하는데 저는 가슴이 떨림을 깨달았으며 잘못이 아닌 사랑을 준다는 사람의 집에 들어가기를 주저하였습니다.

저는 십 분 동안이나 서 있었습니다.

그 때에 또다시 그 불구자의 모녀의 울음소리가 들렸습니다. 그 울음소리는 그 전보다도 더 저의 마음을 홀리는 듯하고 쪼개는 듯하였습니다. 그리고 모든 비애를 저의 가슴 위에 실어 놓은 듯이 무겁게 슬펐습니다.

그러나 저의 눈에는 눈물이 없었습니다. 학교에서 받은 일 개월 노력의 대가인 십칠 원 오십 전이 저를 울분하게 하였음이 공연히 저의 눈물까지 막아 버렸습니다.

저는 한참이나 그 울음소리를 들었습니다. 그 울음에 섞이어 나오는 늙은 어머니의 떨리는 목소리로 분명치 못하게 들리는 것은,

"SO야, 이제는 그만 한길 귀신이 되었구나."
하는 살이 얼어붙는 듯한 불쌍한 소리였습니다.

저는 그제야 그 눈물을 알았습니다. 불구자의 모녀는 몸을 담을 집이 없습니다. 그는 오늘에 몇 푼 안 되는 세전으로 말미암아 이 집에서 내어쫓깁니다. 창 밖에서 듣고 있는 이 A의 주머니에는 십칠 원 오십 전이 있습니다. 이 A는 아직까지 한길에 방황하지는 않겠지요? 저는 그 주머니의 십칠 원 오십 전을 꺼내었습니다.

그리고 연필로 봉투에 A라 썼습니다. 저는 찰나 사이에 절대의 동정이 저의 가슴 속에서 약동하였습니다. 저의 피를 뜨겁고 힘있게 끓게 하였습니다.

저는 그 돈을 문을 소리없이 열고 가만히 마루 위에 놓았습니다. 그리고 절도와 같이 그 문을 떨리는 다리로 얼른 뛰어나왔습니다. 그리고 뒤도 돌아보지 않고 저의 집으로 향하여 갔습니다.

집에서 아내가 돌아오기를 고대하겠지요. 어린 자식은 아버지 오면 때때모자를 사 준다고 몽실몽실한 손을 고개에 고이고 이 젊은 아버지 돌아오기를 바라고 있을 터이지요?

그러나 월급날인 오늘의 저의 주머니는 벌써 한닢도 없는 털터리가

되었습니다. 저의 들어가는 대문 소리를 듣고 다른 날보다 더 반가이 맞아 주는 젊은 아내에게 그의 마음을 만족시켜 줄 아무것도 없습니다. 어린 자식의 기뻐 뛰는 마음을 도리어 풀이 죽게 할 뿐이겠지요.

그러하오나 어둠 속으로 파고 들어가듯이 암흑한 동리를 걸어가는 이 A의 마음은 웬일인지 만족한 기꺼움이 있었으며 싱싱한 생의 약동이 있었습니다. 저는 또다시 MW사로 왔습니다. 거기에는 DH와 WC가 웅크리고 앉아서 무슨 책을 보고 있더니 저를 보고서,

"어떻게 되었나?"

하였습니다. 그것은 저의 월급 말이었습니다. 저는 모자를 벗고 구두를 끄르면서 기가 막힌 듯이 쓸쓸히 웃으면서,

"흥 나의 일 개월 동안의 노력의 대가는 참으로 값있게 써 버리었네."

하였습니다.

석가탑

여이발사

입던 네마키(잠옷)를 전당국으로 들고 가서 돈 오십 전을 받아들었다. 깔죽깔죽하고 묵직하며 더구나 만든 지가 얼마 되지 않은 은화 한 개를 손에다 쥐일 때 얼굴에 왕거미 줄같이 거북하고 끈끈하게 엉켰던 우울이 갑자기 벗어지는 듯하였다.

오차노미즈 다리를 건너 고등 여학교를 지나 순천당 병원 옆길로 본향을 향하여 걸어가면서 길거리에 있는 집들의 유리창이라는 유리창은 남기지 않고 들여다보았다. 그 유리창을 들여다볼 때마다 햇볕에 누렇게 익은 맥고 모자 밑으로 유대의 예언자 요한을 연상시키는 더부룩하게 기른 머리털이 가시덤불처럼 엉클어진 데다가 그것이 땀에 젖어서 장마 때 뛰어다니는 개구리처럼 된 것이 그 속에 비칠 때,

"깎기는 깎아야 하겠구나."

혼자 속으로 중얼거리고서는 다시 모자를 벗고서 코 밑으로 거북하게 기어 내리는 머리를 두어 번 쓰다듬은 후에 다시 땀내 나는 모자를 썼다.

그러자 그는 어떠한 고등 이발관이라는 간판 붙은 집 앞에 섰다. 그러나 머리를 깎으리라 하고서도 그 고등 이발관에는 들어갈 용기가 없었다.

그 곳 이발 요금은 자기가 가진 재산 전부와 상등하다. 몇 시간을 두고 별러서 네마키를 전당국에 넣어서야 겨우 얻어 가진 단돈 50전이나마 그렇게 쉽게 손에 들어온 지 한 시간이 못 되어서 송두리째 내주기는 싫었다. 그리고 다만 10전이라도 남겨서 주머니 귀퉁이에서 쟁그렁거리는 소리를 듣게 하는 것이 얼마간 빈 마음 귀퉁이를 채워 주는지 모르는 듯하였다.

전기 풍선이 자랑스럽고 위엄 있게 돌아가며 제 빛에 뻔쩍거리는 소독기 놓인 고등 이발관을 지내 놓았다. 그리고는 또다시 얼마큼 걸어갔다. 동경만에서 불어오는 태평양 바람이 훈훈하게 이마를 스쳐가고 땅에서 올라오는 복사열이 마치 짐승 튀겨 내는 가마 속에 들어앉은 듯하게 한다. 옆으로 살수차가 지나가기는 하나 물방울이 떨어지기도 전에 흙덩이는 지렁이 똥처럼 말라 버린다.

어디 삼등 이발소가 없나 하고 찾아보았다. 삼등 상옥*에를 들어가면 20전이면 깎는다. 학생 머리 하나 깎는데 20전이면 족하다. 그러면 30전이 남는다.

20전 지출하고도 잔여가 지출액보다 많다. 그것을 생각할 때 얼마간 든든한 생각이 났다. 그래도 주머니 속에 30전이 들어 있을 것을 생각하매 앞길에 할 일이 또 있는 듯하였다.

교의(의자)가 단 둘이 놓이고 함석으로 세면대를 만들어 놓은 삼등 상옥에 왔다. 속을 들여다보았다.

주인이 신문을 든 채로 졸고 앉아 가끔가끔 물 마른 물방아 모양으로 끄덕끄덕 끄덕거리며 부채로 파리를 쫓는다.

---

*상옥 이발소.

용기가 났다. 의기양양하게 썩 들어섰다. 그리고 주인의 잠이 번쩍 깨이도록,

"안녕하십니까."

하고 인사를 하였다. 주인은 잠잔 것이 황송한 듯이 벌떡 일어나더니 굽실굽실하면서 방에서 끄는 짚세기를 꺼내 놓으면서,

"어서 오십시오."

인사를 하고서 저 쪽 교의 뒤에 가 등대나 하고 있는 듯이 서 있다. 모자를 벗어 걸었다. 그리고 양복 윗옷을 벗은 후 교의에 나가 앉으면서 그래도 못 미더워서 정가표 써붙인 것을 곁눈으로 보았다. 생각한 바와 마찬가지로 20전이다. 적이 안심이 되었다. 그러나 또 없는 사람은 튼튼한 것이 제일이다. 전차를 타려고 전차표 한 장 넣어 둔 것을 전차에 올라서기 전에 미리 손에다 꺼내 드는 것이나 마찬가지로 그래도 튼튼히 하리라 하고 번연히 바지 주머니에 아까 전당표하고 어울려 그대로 받는 대로 집어넣은 50전 은화를 상고해 보고 전당표를 보이며는 창피하니까 돈만 따로 한 귀퉁이에다 단단히 눌러 놓은 후에 머리 깎을 준비로 떡 기대 앉았다.

머리 깎는 기계가 머리 표면에서 이리 가고 저리 갈 때 그 머릿속으로 여러 가지 궁리를 한다. 물론 돈 쓸 일은 많다. 그러나 30전이라는 적은 돈을 가지고서 최대한도까지 이익 있게 활용해야 할 것이다. 하숙에서는 밥값을 석 달치나 못 내었으니까 오늘 낼로 내쫓는다고 재촉이다. 그러나 집에서는 돈 부쳐 줄 만하지는 못하다. 그렇다고 그대로 있을 수는 없다. 어디 가서 거짓말을 해서든 단돈 10원이라도 만들어야 할 것이다. 시부야에 있는 제일 절친한 친구 하나가 살그럭대그럭 돌아가는 머리 깎는 기계 소리와 함께 눈앞에 보인다. 그러나 그놈에게 가서 우선 저녁을 뺏어먹고 돈 몇십 원 얻어 와야겠다. 그놈의 할아버지는 그믐날이면 꼭꼭 전보로 돈을 부쳐 주니까 오늘은 꼭 돈이 왔을 터

이지! 나는 며칠 있다가 우리 외가에서 돈을 부쳐 주마 하였다 하고 우선 거짓말이라도 해서 갖다 쓰고 볼 일이지. 그렇다. 그러면 여기서 거기까지 걸어갈 수는 없으니까 전차 왕복에 10전이다. 10전이면 될 것이다. 그리고 또 20전이 남지! 그것은 이렇게 더운데 얼음 10전어치만 먹고 10전은 내일 아침이나 이따 저녁에 목욕을 갈 터이다. 그래 동전 몇 푼이 남는다 할 때 기계가 머리 끝을 따끔하게 씹는다. 화가 났다. 재미있게 예산을 치는데 갑자기 따끔함을 당하니까 그 꿈같이 놓은 예산은 다 달아나고 저는 여전히 교의 위에 앉아 있다.

분풀이가 하고 싶어서 못 견딜 지경이다. 그러나 어떻게 분풀이를 하랴? 일어나서 때려 줄 수도 없고 그렇다고 책망할 수도 없다. 다만,

"이크 아파."

하고 상을 찌푸렸다. 놈은 퍽 미안한 모양이다. 허리를 삽쭉삽쭉하며,

"죄송합니다. 죄송합니다."

할 뿐이다. 석경 속으로 들여다보니까 미안한 표정이라고는 허리 깝죽깝죽하는 것뿐이다. 허리는 그만 깝죽거리고 입끝으로 잘못했습니다 소리는 하지 않더라도 다만 눈 가장자리에 참 미안해하는 표정을 보고 싶었다. 그래서 나도 웬일인지 그놈의 허리만 깝죽깝죽하는 꼴이 아주 마음에 차지 않아서 당장에 무슨 짓을 해서든지 나의 머리끝을 집어뜯던 보복이 하고 싶어 못 견디었다.

그럴 때 마침 놈이 나의 머리를 조금 바른편으로 틀라는 듯이 두 손으로 지그시 건드렸다. 나도 옳다 하고 일부러 왼편으로 틀었다. 고개를 들라 하면 수그리고 수그리라 하면 들었다. 그리고 일부러 몸짓을 하고 고갯짓을 하였다. 그러면서 석경 속으로 그놈의 얼굴을 보니까 이마에 내 천(川)자를 그리고 눈썹과 눈썹 사이는 말라붙은 듯이 쭈글쭈글하다. 화가 나는 것을 약 먹듯 참는 모양이다.

기계를 갖다 놓고 몸을 탁탁 털 적에 긴 한숨 쉬는 소리가 들린다. 그

리고는 솔로 머리를 털면서 내 얼굴을 다시 한 번 들여다본다. 어떤 놈인가 자세히 보고 싶은 모양이다. 그럴 때,

"진지 잡수셔요."

하는 은령(은방울) 같은 소리가 들린다. 그 목소리 하나만 가져도 미인 노릇을 할 듯한 여성의 소리이다. 깜깜한 난취한 세상에서 가인의 노래를 듣는 듯이 피가 돌고 가슴이 뛰고 마음이 공중에 뜬다.

"밥?"

놈은 기계를 솔로 쓸면서 오만스럽게 대답을 한다. 그것으로써 내외인 것을 짐작하였다.

"이리 와서 이 손님 면도를 좀 해 드려."

하는 소리가 분명치 못하게 들리었다. 나는 그 소리를 분명히 이해할 때까지 적어도 2분은 걸렸다. 왜 그런고 하니 여편네더러 그렇게 손님의 면도를 하라고 할 리가 없는 까닭이다. 그러할 리가 있기는 있다. 도쿄에서 여자가 머리를 깎는 이발관이 한두 군데가 아니지마는 자기의 머리를 여자가 깎아 준다는 것까지는 아주 예상 밖인 까닭이다.

놈이 들어가더니 년이 나온다. 석경 속으로 우선 그 여자의 얼굴부터 상고하자. 그 상고하려는 머릿속이야말로 좋은 기대와 또는 불안이 엉키었다 풀렸다 한다. 남의 여편네 어여쁘거나 곰보딱지거나 무슨 관계가 있으랴마는 그래도 잘못 생겼으면 낙담이 되고 잘 생겼으면 마음이 기쁘고 부질없는 기대가 있다.

석경 속으로 비치었다. 에그머니, 나이는 스물 셋 아니면 넷인데 무엇보다도 그 눈이 좋고 입이 좋고 그 코가 좋고 그 뺨이 좋다. 머리는 흉업다 좋다 할 수가 없고 허리는 호리호리한 데다 잠깐 굽은 듯한데 전신의 윤곽이 기름칠한 것같이 흐른다. 어떻든 놈에게는 분에 과한 미인이요, 만일 날더러 데리고 살겠느냐 하면 한 번은 생각해 보아야 할 만한 여자이다.

손이 면도칼을 집는다. 손도 그렇게 어여쁜 줄은 몰랐다. 갓 잡아 놓은 뱅어(백어)가 입에다 칼을 물고 꼼지락거리는 듯이 위태하고도 진기하다. 이제는 저 손이 나의 얼굴에 닿으렷다 할 때 나는 눈을 감았다. 사람이 경이를 좋아하는 것은 아마 통성일 것이다. 나는 그 칼을 들은 어여쁜 손이 이 뺨 위에 오는 것을 보는 것보다 눈 딱 감고 있다가 갑자기 와 닿는 것이 얼마나 나에게 경이스러운 쾌감을 줄까 하고서 눈을 감았다. 비누질을 할 적에는 어쩐지 불쾌하였다. 그러더니 잔등에 젖내 같은 여성의 냄새와 따뜻한 기운이 돌더니 내가 그 여자의 손이 와서 닿으리라 한 곳에 참으로 그 여자의 따뜻한 손가락이 살며시 지그시 눌리인다. 그리고는 나의 얼굴 위에는 감은 눈을 통하여 그 여자의 얼굴이 왔다갔다 하는 것이 보인다. 뺨을 쓰다듬는다. 비단결 같은 손이 나의 얼굴을 시들도록 문지르고 잘라진 꽁지가 발딱발딱 뛰는 도마뱀 같은 손가락이 나의 얼굴 전면에서 제멋대로 댄스를 한다. 그리고는 몰약을 사르는 듯한 입김이 나의 콧속으로 스쳐 들어오고 가끔가끔 가다가 그의 몽실몽실한 무릎이 나의 무릎을 스치기도 하고 어떤 때 나의 눈썹을 쥘 때에는 거의 나의 무릎 위에 올라앉은 듯이 가까이 왔다. 눈이 뜨고 싶어 못 견디었다. 그의 정성을 다하여 나의 털구멍과 귓구멍을 들여다보는 눈이 얼마나 영롱한지 나의 영혼을 맑은 샘물로 씻는 듯하였다. 그리고 나의 입에서 몇 치가 못 되는 거리에 있는 그의 붉은 입술이 얼마나 나의 시들은 피를 끓게 하고 타게 하는 듯하랴. 그러나 나는 눈을 뜨지 못하였다. 칼 들은 여성 앞에서 이렇게 쾌감을 느끼고 넘치는 희열을 맛보기는 처음이다. 면도질이 거의 끝나 간다. 그것이 말할 수 없이 싫었다. 그리고 놈이 밥을 먹고 나오면 어찌하나 공연히 불안하였다.

　　면도가 끝나고 세수를 하고 다시 얼굴에 분을 바른다. 검은 얼굴에 하얀 분을 바르는 것이 우습던지 그 여자는 쌍긋 웃다가 그 웃음을 참으려고 입술을 이로 깨무는 것은 가슴을 깨무는 듯이 부끄럽기도 하고 아프게 좋다. ㅇㅇㅇ하여 빙긋 웃어 주었다.

　그러니까 그 여자는 아주 툭 터져 버리었다. 그리고도,

　"왜 웃으셔요?"

하고서 은근히 조롱 비슷하게 나의 어깨에서 수건을 벗기면서 묻는다. 나도 일어서면서,

　"다 되었소?"

하고서 그 여자를 보니까 또 보고 웃는다.

　"왜 웃어요?"

하는 마음은 공연히 허둥지둥해지고 싱숭생숭해진다. 그래도 대답이 없이 웃기만 한다. 나는 속으로 '미친년.' 하고서 돈을 내리라 하였다. 그러나 그대로 나가는 것은 무미하다. 웃는 것이 이상하다. 아무리 해도 수상하다. 그래서 어디 말할 시간이나 늘여 보려고 술이 있으면 술이라도 청해 보고 싶지마는 물을 한 그릇 청했다. 들어가더니 물을 떠 가지고 나왔다. 나는 그것을 마시면서,

　"무엇이 그리 우스워요?"

하고 그 여자를 지근거리는 듯이 웃어 보았다.

　"아냐요. 아무것도 아니야요."

　그 여자는 웃음을 참고 얼굴을 새침하면서 그래도 터질 듯 터질 듯한 웃음이 그의 두 눈으로 들락날락한다. 그 꼴을 보고서, 그의 손을 잡고서 손등을 쓰다듬으며, '손이 매우 어여쁘구려.' 하고 싶을 만치 시룽새룽 하는 생각이 그 여자에게서 감염되는 듯하였으나 그래도 참고서 요 다음으로 좋은 기회를 돌릴 작정하고,

　"얼마요?"

　뻔히 아는 요금을 물어 보았다. 그 여자는,

　"이십 전."

하고 고개를 구부린다. 나는 50전 은화를 쑥 내밀었다. 그 고운 손 위에 그것이 떨어지며 나는 모자를 쓰고 나오려 하면서,

"또 봅시다."

하였다. 그 여자는 쫓아나오며,

"거스른 것을 가지고 가십시오."

하고서 나를 부른다. 어떻게 그것을 받을 수가 있으랴. 그 때에는 시부야 친구도 없고 빙수도 없고 목욕도 없고 하숙에서 졸리는 것도 없다. 나는 호기있게,

"됐소."

하고 그대로 오다가 다시 돌아다보니까 그 여자가 그대로 서서 나를 보고 웃는다. 나는 기막히게 좋다. 나는 활개를 치고 걸어온다. 그리고는 그 여자가 자기와 그 여자 사이에 무슨 낙인이나 쳐 놓은 것처럼 다시는 변통할 수 없이 그 무엇이 연결되어진 듯하였다. 그리고는 말할 수 없는 만족이 어깻짓 나게 하며 활개짓이 나게 한다. 얼른얼른 가서 같은 하숙에 있는 K군에게 자랑을 하리라 하고서 겅정겅정 걸어온다.

오다가 더워서 모자를 벗었다. 벗고서 뒤통수에서부터 앞이마까지 두어 번 쓰다듬다가,

"응?"

하고서 얼굴을 갑자기 쓴 것을 깨문 것처럼 하고 문득 섰다가,

"이런 제기."

하고서 주먹을 쥐고 들었던 모자를 내던질 듯이 휙 뿌렸다.

"그러면 그렇지 삼십 전만 내버렸구나."

하고서 다시 한 번 어렸을 적에 간기를 앓으므로 쑥으로 뜬 자죽(자국)만 둘째손가락 끝으로 만져 보았다

비원 주합루

자기를 찾기 전

1

어떠한 장질부사(장티푸스) 많이 돌아다니던 겨울이었다. 방앗간에 가서 쌀을 고르고 일급을 받아서 겨우 그날 그날을 지내 가는 수님이는 오늘도 전과 같이 하루종일 일을 하고 자기 집에 돌아왔다.

자기 집이란 다 쓰러져 가는 집에 안방은 주인인 철도 직공의 식구가 들어 있고 건넌방에는 재깜 장사(야채 행상) 식구가 들어 있고 수님이의 어머니와 수님이가 난 지 몇 달 안 되는 사내 갓난아이와 세 식구는 그 아랫방에 쟁개비(양은 냄비)를 걸고서 밥을 해 먹으면서 살아간다.

수님이는 몇 달 전까지는 삼대 같은 머리를 칭칭 땋고서 후리후리한 키에 환하게 생긴 얼굴로 아침 저녁 돈벌이를 하러 방앗간에를 다니는, 바닷가에 나와서 뛰어다니는 해녀 같은 처녀이었다.

그런데 몇 달 전에는 그는 소문도 없이 머리를 쪽찌었다. 그리고 머리 쪽찐 지 두서너 달이 되자 또 옥동 같은 아들을 순산하였다. 아들을

낳고 몇 달 동안은 그 정미소에 직공 감독으로 있는 나이 스물칠팔 세쯤 되고 머리에 기름을 많이 발라 착 달라붙여 빤빤하게 윤기가 흐르게 갈라 붙이고 금니 해 박은 얼굴빛이 오래 된 동전빛같이 붉고도 젊은 사람 하나가 아침 저녁으로 출입하며 식량도 대어 주고 용돈량도 갖다 주며 어떤 날은 수님이와 같이 자고 가기도 하였다.

그러더니 그 동리에 새 소문 하나가 떠돌기 시작하였다.

"수님이는 처녀 때 서방질을 해서 자식을 낳았다지!"

"어쩌면 소문없이 시집을 가?"

"그러나 저러나 그나마 남편 되는 사람이 뒤를 보아 주지 않는다데."

"벌써 도망간 지가 언제라고. 방앗간 돈을 이백 원이나 쓰고서 뒤가 몰리니까 도망을 갔다던데."

하는 소문이 나기는 그 애아버지 되는 직공 감독이 수님이 집에 발을 끊은 지 일 주일쯤 되어서였다.

수님이는 집에 들어와 머릿수건을 벗어 놓고 방문을 열며,

"어머니 어린애가 또 울지 않았어요?"

하고 아랫목에 누더기 포대기를 덮어서 뉘어 논 어린애 앞으로 바싹 가서 앉아 눈감고 자는 애의 새큼한 젖내 나는 입에다 제 입을 대어 보더니,

"에게 어쩌면 이렇게두 몸이 더울까, 아주 청동화로 같으이."

하고는 다시 아래위를 매만져 준다.

옆에 앉아 있는 그의 어머니란 나이 오십이 넘어 육십을 바라보는 노파는 가뜩이나 주름살이 많은 이맛살을 잔뜩 찌푸리고 실룩하게 삼각 된 눈을 더욱 실룩하게 해 가지고 무엇이 그리 시덥지 않은지 삐죽한 입을 내밀고서 귀먹장이처럼 아무 말이 없이 한참 앉았더니 잠깐 채머리를 흔드는 듯하더니 말이 나온다.

"애 말 마라. 아까 나는 그 애가 죽는 줄 알았다. 점심때가 좀 넘어서

헛소리를 하더니 두 눈을 허옇게 뒤집어쓰고서 제 얼굴을 제 손으로 쥐여뜯는 데에 무서워 나는 꼭 죽으려는 줄 알았어."

수님이는 걱정이 더럭 나고 또 죽는다는 말에 무서운 생각이 나서,

"그래 어떻게 하셨소?"

"무얼 어떻게 해. 어저께 네가 지어다 둔 그 가루약을 물에다 타 먹였더니 지금은 조금 덜한지 잠이 들어 자나 보다."

"그래 그 약을 다 먹이셨소?"

"다 먹였지. 어디 얼마 남았드냐. 눈꼽쩍이만큼 남았든걸."

"그래 아주 없어요?"

"다 먹였다니까 그러네."

수님이는 조금 야윈 얼굴에 봄철에 늘어진 버들가지같이 이리저리 겨묻은 머리털이 두서너 줄 섬세하게 내리 덮힌 두 눈에 근심스러운 빛을 띠우고서 다시 쌔끈쌔끈 코가 메여서 숨소리가 높은 어린애를 보더니,

"그럼 어떻게 하나. 돈이 있어야 또 약을 지어 오지. 오늘 번 돈이라고는 어저께보다 쌀이 나빠서 어떻게 뉘와 돌이 많은지 사십 전밖에 못 벌었는데. 이것으로 약을 또 지어 오면 내일 아침 쌀 못 팔 텐데."

하며 다시 고개를 돌려 자기 어머니를 쳐다보다가 어머니 얼굴이 불쾌해 보이니까 다시 고개를 어린애 편으로 돌리자 어린애는 무엇에 놀래었는지 갑자기 눈을 번쩍 뜨고 두 손을 공중으로 대고 산약 같은 손가락을 벌리고서 바늘에 찔린 듯이 와 하고 운다.

수님이는 우는 소리를 듣더니 질겁을 해서 어린애를 끼어안고 허리춤에서 젖을 꺼내어 물려 주며,

"오, 오, 우지 마, 우지 마."

하며 어린애를 달래면서 추스른다. 젖꼭지가 입에 들어가니까 조금 애는 울음을 그치었다.

수님이는 한 손으로 어린애가 문 젖을 가위 집듯 집어서 지그시 누르

면서,

"어멈이 종일 없어서 많이 울었지? 배가 고파서. 에그 가엾어라. 자 인제는 실컷 먹어라. 그리고 얼른 병이 나서 잘 자거라."

하며 혼잣소리로 말도 못 알아듣는 어린애와 수작을 한다.

어린애는 젖꼭지를 물기는 물었으나 젖도 잘 먹지 못하면서 보채기만 한다.

"어머니 오늘 예배당 목사님은 오지 않으셨어요?"

하며 방 한 구석에 앉아서 어린애 기저귀를 개키는 자기 어머니를 보면서 다시 수님이는 물었다.

"안 왔더라!"

하는 어머니의 마음은 매우 마땅치가 않은 모양이다. 하루종일 앓는 애를 달래고 약 먹이고 할 적에 귀찮은 생각이 날 적마다,

"원수엣 자식, 원수엣 자식."

하며 혼자 중얼대니까 자기 딸을 보며는 더욱 화가 치밀며,

'무슨 업원으로 자식은 나 가지고 구차한 살림에 저 혼자 고생을 하는 것도 아니요, 늙은 에미까지 이 고생을 시키는고?'

하는 생각이 나서 차마 인정에, 산 자식 죽으라고는 못하지마는 어떻든 원수 같은 생각이 나서 못 견딜 지경이다.

수님이는 오늘도 목사 오기를 기다린다.

"어째 여태까지 오시지를 않을까요?"

"내가 아니? 못 오게 되니까 못 오는 게지."

수님이는 어머니의 성미를 알므로 거슬릴 필요는 없어 아무 말 없이 앉아 있다가,

"어서 저녁이나 해 먹읍시다. 기저귀는 내 개킬께 어서 나가셔서 쌀이나 씻으시우."

어머니는 화풀이로 하다못해 잔말이라도 하고 싶어서 말마다 불복

이다.

"무슨 밥을 벌써 해. 두부 장수도 가지 않았는데. 그리고 오늘만 먹으면 제일이냐. 내일 생각은 하지 않고……."

"그럼 어떻게 하우. 어떻든지 저녁을 해 먹고 내일을 걱정이라도 해야 하지 않소. 내일은 내일이고 오늘 저녁은 오늘 저녁이지오."

"듣기 싫다. 내일은 무슨 뾰족한 수가 나니? 굶으면 굶었지 무슨 도리가 있어야지."

"글쎄 산사람 입에 거미줄 치리까. 왜 글쎄 그러시우."

"뭘 그러느냐고? 내가 나쁜 말한 게 무엇이냐. 조금이라도 경우에 틀린 말했니?"

"누가 경우에 틀린 말하셨댔소. 이왕 일이 그렇게 된 걸 자꾸 그렇게 하면 어떻게 하란 말씀이오?"

이러자 다시 어린애는 어디가 아픈지 불로 지지는 것같이 파랗게 질리면서 숨이 넘어갈 듯이 운다.

수님이는 어린애 입에 이 쪽 젖꼭지를 갈아 물리면서,

"우왜, 우왜."

하며 달래는데 그 어머니는 그 옆에서 이 꼴을 보더니,

"망할 자식, 죽으려거든 얼른 죽어 버리지. 애비 없는 자식이 살아서 무슨 수가 있겠다고 남 고생만 시키니. 에미나 고생하지 않게 죽으려거든 진작 죽어라."

하며 옆의 담뱃대를 질화로 전에다가 탁탁 턴다.

수님이는 누가 자기 아들을 잡으러 오는 듯이 어린애를 옆으로 안고 돌면서,

"어머니는 그게 무슨 말이오? 남들은 자식이 없어서 불공을 한다, 경을 읽는다, 돈을 폭폭 써 가면서 자식을 비는 사람들도 있는데 난 자식을 죽으라고 그래요? 이 애가 죽어서 어머니에게 금방 큰 복이 내

릴 듯싶소?"

"복이 내리지 않고. 내가 하루 잠을 자도 다리를 펴고 자겠다."

"잘도 다리를 펴고 주무시겠소? 마음을 그렇게 먹으면 하느님이 내릴 복도 도로 가져가신다우."

"듣기 싫다. 하느님이 무슨 엉덩이가 부러질 하느님이냐? 누가 하느님을 보았다더냐? 너 암만 하느님을 믿어 보려므나. 하느님 믿는다고 죽을 녀석이 산다더냐? 모두 팔자야, 팔자. 이 고생하는 것도 내 팔자지마는 늙게 딸 하나 두었다가 덕은 못 보아도 요 모양이 될 줄이야 누가 알았어."

수님이도 계집 마음에 참을 수가 없는지 까만 눈에서 불 같은 광채가 나며 입술이 뾰족해지며 목소리가 높아간다.

"그래 어머니는 딸 길러서 덕 보려 했습디까?"

"덕 보지 않고? 핏덩이서부터 열팔구 세 거의 이십 살이나 되두룩 기를 적에야 무슨 그래도 여망이 있기를 바라고 그 갖은 고생을 다해 가면서 길렀지. 그래 어디서 어떻게 빌어먹는지도 모르는 방앗간 놈에게 몸을 더럽히게 하려고 하였더냐? 내 그놈 생각을 할 적마다 이가 갈리고 치가 떨린다."

"왜 그이만 잘못했소? 그렇게 치가 떨리고 이가 갈리거든 나를 잡아 잡숫구려? 그것도 나를 방앗간에 다니게 한 덕분이죠. 나를 방앗간에만 다니지 않게 했더라믄 그런 짓을 하래도 하지 않았다우."

어머니는 잡아먹으려는 짐승을 어르는 암사자 모양으로 웅얼대며,

"응 그래도 서방녀석 역성드는구나? 어디 얼마나 드나 보자. 네가 그 녀석 믿고 살다가 덩*이나 탈 듯싶으냐? 그렇게도 찰떡같이 든 정을 왜 다 풀지 못하고 요 모양으로 요 고생이냐? 어서 그렇게 보고 싶고

---

*덩 공주나 옹주가 타던 가마.

못 잊겠거든 당장에라도 따라가서 호강하고 살아 보아라. 서방 녀석 밖에 네 눈에는 보이는 게 없고 어미년이 사람 같지도 않지?"

수님이는 성미를 못 이기는 중에 어머니 말이 야속하기도 하고 또 자기 신세가 어쩐지 비참한 듯하여 갑자기 눈물이 복받치며 울음이 나온다.

"왜 날마다 나를 잡아잡숫지 못해서 이렇게 못 살게 굴우? 그렇게 보기 싫거든 다른 데로 가시구려."

하고 감은 눈을 감았다 뜰 때 이슬 같은 눈물이 두 뺨 위로 대르륵 굴러 젖꼭지를 문 어린애 뺨 위에 떨어진다.

수님이는 우는 중에도 어린애 위에 떨어진 눈물을 씻어 주는 것을 잊어버리지 않았다.

부드러운 살 위에 떨어진 눈물을 씻으면 또 떨어지고 씻으면 또 떨어져 어머니의 따뜻한 눈물은 애기의 얼굴을 곱게 씻어 놓았다.

그리고 가슴에서 뭉클한 감정이 울음에 씻겨 녹아 눈물이 되어 어린애 얼굴에 떨어질수록 귀여운 애기는 수님이를 울린다. 부드러운 손, 귀여운 얼굴, 조그마한 몸뚱이가 눈물어린 그것을 통하여 희미하게 보이다가 눈물이 그 애기 뺨 위에 떨어지고 다시 똑똑하게 까만 머리, 까만 눈썹이 보이고 입과 코와 두 눈이 보일 때 수님이는 다시 어린애를 자기 가슴에 꼭 끼어안아 가슴 복판에 어리고 서린 만단정회*를 다만 어린애로 눌러서 짜내고 녹여 내는 것 외에는 그에게 아무 위로가 없었다.

모습이 아버지와 같은 그 어린애를 자기 가슴에 안을 때 눈물의 하소연이 그 아이에게 하는 것이 아니라 지금 여기 없는 그의 아버지에게 하는 것 같고 눈물 고인 흐릿한 눈으로 윤곽이 비슷한 그애를 볼 때 그는 그애 아버지가 그 사내다운 얼굴에 애정이 넘치는 웃음을 띠우고 자기를 어루만져 위로하는 듯하였다.

＊만단정회(萬端情懷) 온갖 정서와 회포.

그는 그애의 이름을 부르려 할 적마다 그애 아버지를 부르고 싶었고 그 아이를 자기 가슴에 안을 때 자기가 안겨 울 곳 없는 것이 얼마나 외로움을 주는지 알지 못하였다.

"너의 아버지가 있었으면?"

한 말이 입 밖으로 나오지 않지마는 그 말 밑에는 모든 해결과 끝없는 행복이 달린 것 같았다.

수님이는 떨리는 긴 한숨을 쉬고 땅이 꺼져 사라질 듯이 가슴을 내려앉히었다. 우는 꼴을 보는 어머니는 속으로는 가엾은 생각이 없는 것은 아니었지마는 짓궂은 고집을 풀지 못하고서 다시 응얼대는 소리로,

"울기는 다 저녁때 왜 여우같이 쪽쪽 우니? 계집년이 그러고서 집안이 흥할 줄 아느냐? 애, 될 것도 안 되겠다, 울지나 마라. 방자스럽다."

그러나 수님이는 들은 체도 하지 않고 흐르다 남은 눈물방울이 기름한 속눈썹 위에 떨어지려다가 걸친 두 눈으로 먼산만 바라보고 앉아서 콧물만 마시고 앉아 있다.

그 때 누구인지 바깥에서 인기척이 나더니,

"수님이 있니?"

하는 사람은 그의 오라버니였다. 수님이는 얼른 눈물을 씻고 방문을 열면서,

"오라버니 오세요?"

하는 소리는 아직까지도 목메인 소리다. 오라버니라는 사람은 나이가 삼십이 남짓해 보이는 노동자로, 깎은 머리를 수건으로 동이고 무명 저고리 위에는 까만 조끼를 입고 짚세기 신은 발에 종아리에는 누런 각반을 쳤다. 얼굴이 둥글넓적한 데다가 눈이 조금 큼직하나 결코 불량하여 보이지는 않고 두 뺨에는 술기운이 돌아 검붉게 익었다.

방 안으로 들어앉으며 어머니(서모)를 보고 인사를 하고 윗목에 가 쭈

그리고 앉으며,

"애가 좀 어떠냐?"

하고 수님이가 안고 앉은 어린애를 구부정하고 들여다본다.

수님이는 뻘건 눈을 부벼 눈물을 씻고 코를 풀면서,

"마찬가지여요. 점점 더해 가는 모양이어요."

하고 또 한 번 떠는 한숨을 쉰다. 오라버니는 속마음으로 어린 계집애가 자식이 앓으니까 걱정이 되어서 우는 줄 알고,

"울기는 왜 울었니? 울기는 왜 울어. 운다고 어린애 병이 낫는다더냐! 어떻게 주선을 해서라도 고칠 도리를 해야지. 남의 자식을 낳다가 기르지도 못하고 죽이면 그런 면목도 없고 넌들……."

말이 채 그치지도 않아서 그의 어머니가 그래도 양심이 간지럽던지,

"아니라네, 내가 하도 화가 나서 잔말을 좀 했더니 그렇게 쪽쪽 울고 앉았다네."

하며 자기 허물을 자백이나 하는 듯이 말을 한다.

오라버니는 주머니에서 마코 한 갑을 꺼내서 대물부리에 담배를 끼워 붙여 물더니,

"어머니 걱정을 듣고서 울기는 무얼 울어? 나는 무슨 일인가 했지."

하고 시비곡직을 그대로 쓸어 버리는 듯이 말머리를 돌려서,

"어린애 약은 먹였니?"

"먹였어요."

"무슨 약을? 그 약국에서 지어 오는 조선약?"

"네."

"안 된다, 그것을 먹여서는. 요새는 양약을 먹여야 한다. 요새 시대에는 서양 의술이 제일이야. 나는 하도 신기한 일을 보았기에 말이지, 참, 내 그렇게도 신기한 일은 처음 보았어."

옆에 앉았던 어머니가 얼른 말 틈을 타서 빗대 놓고 수님이를 책망

비슷하게 수님의 오라버니더러 들어 보라는 듯이,

"약은 먹여 무얼 해. 예배당인지 비러먹는 데인지 있는 목사나 불러다가 날마다 엎드려서 기도만 하면 거기서 밥도 나오고 떡도 나오고 모든 일이 다 만사형통할 걸!"

하고서 입을 삐쭉 하고서 고개를 숙인다.

"너 예수 믿니?"

하고 오라버니는 수님을 보더니,

"허허, 그것도 하는 것이 좋기는 좋지마는 나는 그 속을 모르겠더라. 무엇이든지 믿으면 안 믿는 것보담은 낫겠지마는. 예수, 예수, 남들은 하느님 앞에 기도하면 병도 낫는다고 그러더라마는 나는 서양 의술만큼 신기하게 알지는 못하니까. 글쎄 나 다니는 일본 사람의 집 와타나베상이라고 하는 이의 여편네가 첫애를 낳는데 어린애가 손부터 나오고는 그대로 들어가지도 않고 나오지도 않는구나. 지금 나이가 스물셋된 여편넨데. 그래서 나는 그 소리를 듣고서 꼭 죽었나 보다 하고 속으로 죽을 줄로만 알고 있지를 않았겠니?"

늙은 노파가 이 이야기를 듣더니,

"저런 그래, 어떻게 했어!"

하면서 눈을 크게 뜨고 담뱃대를 놓으면서 말하는 수님이 오라버니를 쳐다본다.

"그러자 주인 되는 사람이 전화를 해요. 전화한 지 30분쯤 되어서 ××병원 의사 한 사람하고 간호부라고 하는 일본 여편네 둘이 인력거를 타고 오더니 조금 있다가 어린애 우는 소리가 나지 않겠습니까. 그저 의원이 들어가자 잠깐 사이에요. 그래서 하도 신기하기에 그 집 하인더러 물으니까 기계로 끄집어 내서 아주 산모도 괜찮고 어린애도 괜찮다고. 나는 이 소리를 듣고 거짓말같이 생각이 되지 않겠니."

하고 다시 수님 쪽으로 말머리를 향한다. 노파는 고개를 끄떡끄떡 하며,

"엉 저런, 참 요새는 사람을 기계로 끄낸다. 그런데 그 난 것이 딸야 아들야?"

"아들에요."

"저런 그 자식이야말로 두 번 산 놈이로군!"

"참 세상이란 알 수 없는 세상이에요. 서양서는 기계로 사람을 다 만든답니다그려……."

"에끼 그럴 수가 있나? 거짓말이지. 아무튼 타국 사람들은 재주가 좋아 못하는 것이 없이 하다못해 공중을 날아다니지마는 어떻게 기계로 사람을 만드나? 거짓말인 게지."

"아녀요, 정말이요, 신문에도 났어요."

"신문에! 신문인들 어디 똑바른 말만 내나. 거기도 거짓말이 섞였지."

하는 노파의 성미가 조금 풀어진 모양인지 말소리에 부드러운 맛과 웃음 냄새가 약간 섞여서,

"그러나 저러나 저것 때문에 나는 큰 걱정일세. 애비도 없고 자식을 낳아 가지고는 그나마 성하게 자랐으면 좋겠지마는 저렇게 앓기만 하니 참. 형세나 넉넉했으면 또 모르지. 구차하기란 더 말할 수 없는 집에서 이 모양을 하고 사네그려. 자식이나 없으면 얼핏 마땅한 데가 있거든 다시 시집을 가서라도 그저 저 고생하지나 말고 살며는 늙은 내 마음이라도 놀 테야. 저 모양으로 오늘 죽을지 내일 죽을지 모르는 것을 끼고만 앉았으니 참 딱해서 볼 수가 없네그려. 저도 전정(앞길)이 구만 리 같은 새파랗게 젊은년이 어디 가면 서방 없겠나. 그저 허구헌 날 어디로 들고 사렸는지도 모르는 그놈만 생각을 하고 앉았으니 어림없는 수작이지. 벌써 싫증나서 잊어버린 지가 오랜 놈을 생각만 하면 무얼 하나? 자식은 저의 할미가 서울 살아 있다니까 아범 집으로 보내 버리고 나는 저 애를 다른 데로 보내 버리는 수밖에 없

다고 생각하네."

오라버니는 무슨 엄숙한 사실을 당한 것처럼 한참 눈 하나 깜짝거리지 않고 그 말을 듣고 있더니 무슨 사리를 분명히 해석할 줄 안다는 어조로,

"글쎄, 그렇지 않아도 나도 날마다 생각을 하고 언제든지 걱정을 하는 바이지마는 일이 너무나 어렵게 되어서. 어떻든 어린애는 고쳐야 할 것이니까 병이 낫거든 자기 애비의 집이 있으니까 그리로 보내고 다른 데로 보낼 도리를 해야죠."

하니까 노파는 걱정스럽고 시원치 못한 상으로,

"그렇지만 여기서야 어린애 병을 고칠 수 있어야지. 날마다 밥도 못 끓여 먹는 형편에 어린애 약인들 먹일 수 있나. 이건 참 죽기보다도 어려우이그려. 암만 생각을 하니 옴치고 뛸 수가 있어야지."

오라버니는 모든 일을 내가 해결할 만큼 세상에 대한 경험이 있으니까 내 말을 들으라는 듯이 수님이를 향하여,

"수님아, 네 생각은 어떠냐? 너도 나이가 열아홉이나 된 것이 그만하면 시집살이할 나이가 넘었다고 할 수 있어. 그런데 이렇게 그야말로 닭 쫓던 개 지붕 쳐다보기지 이러고 앉았기만 하면 어떻게 하니……. 그런데 대관절 네 생각은 어떠냐? 그래도 그 사람을 기다리고 앉았을 모양이냐. 다른 데로 갈 마음이 있니?"

수님이는 한참이나 맥없이 앉았다가 횡 하고 모든 말이 시덥지 않다는 듯이 코웃음을 한 번 웃더니,

"아무 데도 가기는 싫어요. 모세(어린애의 세례 이름) 아버지가 아니면 다른 곳으로 가기는 싫어요."

하는 목소리는 이상하게도 힘있는 목소리다. 모든 신앙과 자기의 희생을 결심한 뜨겁고도 매운 감정에서 우러나오는 목소리였다.

"아따, 그래도 모세 아버지야."

노파는 자기 딸을 흘겨보며 비웃는 듯이 말을 한다.

"네 오라버니 말이 조금도 그르지 않으니라. 설마 너를 잘 되라고는 못할망정 못 되라고 할 듯싶으냐!"

"그래도 나는 다른 데로 가기는 싫어요. 나 혼자 평생 지내더라도 또 다른 사람에게 가기는 싫어요."

오라버니는 타이르는 어조로,

"그야 낸들 다시 다른 곳으로 가라기가 좋아서 그러는 것은 아냐. 그렇지만 너도 늙은 어머니 생각도 해야 하지 않니. 서양에는 부모를 위하여 몸을 파는 계집애들도 있는데. 또 너의 전정 생각을 해야지. 그것도 모세 아비가 지금이라도 너를 생각하고, 또 다음에라도 만나 살 여망이 있으면 오래비된 나래도 왜 이런 말을 하겠니. 그렇지만 모세 애비는 벌써 너를 잊어버린 사람야. 사내 마음이란 그런 것이다. 모두 욕심들만 가진 개 같은 놈들야."

수님이는 그래도 부인한다는 듯이,

"그래도 제가 한 말이 있으니까 설마 나를 내버리기야 할까요?"

"저런 딱한 애가 있나. 그것 참 말할 수가 없네. 글쎄, 그런 놈의 말을 어떻게 믿니?"

"믿어야죠. 지가 비오던 날 방앗간 모퉁이에서 날더러 하는 말이 일 평생 나를 잊지 못하겠다 하였는데요. 저도 그이를 잊을 수 없어요."

하며 얼굴빛이 조금 불그레해지며 부끄러운 생각이 나서 고개를 숙이고 어린애 머리만 쓰다듬는다.

"아따, 빌어먹을 년, 믿기는 신주 믿듯 잘도 믿는다. 쪽박을 차고 빌어먹으러 나가도 그 녀석만 믿으면 제일이냐?"

어미는 열화가 벌컥 나서 덤벼들 듯이 소리를 질렀다. 이 소리에 어머니 품에 안겨 편안히 잠들었던 어린애가 눈을 갑자기 뜨면서 숨이 넘어갈 듯이 까르르 장개비에 찌개 끓듯이 운다. 수님이는 어린애를 뭉뚱

그려 안고 일어서며,

"우지 마, 우지 마."

하며 달래면서 서성거린다.

　어린애는 다시 보채면서 눈동자를 허옇게 뒤집어쓰며 죽어 가는 듯이 운다.

"에구, 오라버니 이 애 눈 좀 보시우. 왜 이렇게 허옇소? 아마 죽으려나보."

하며 오라버니 편으로 어린애를 내밀면서,

"죽으면 어떻게 해요?"

하면서 또다시 눈물이 비오듯 한다.

　오라버니는 어린애를 들여다보더니,

"에구, 애가 대단하구나! 약도 없니? 의원이 무슨 병이라 하든. 요새 염병(장질부사)이 매우 돌아다닌다는데, 그 병이나 아닌지 모르겠다……."

하고 다시 몸을 만져 보더니,

"에구, 이 몸 좀 보게. 열이 대단하이."

하며 우는 애를 한참 들여다본다.

　노파는,

"약이 다 무언가, 의원을 보였어야 무슨 병인지 알지. 그저 약국에 가서 말만 하고 약을 지어다 먹이니까 병명인들 알 수가 있나!"

"그러면 안 되겠습니다그려. 어떻게 해서든지 의원을 보여야죠."

"의원도 거저 봐 주나. 돈 들어야 할 일이지. 밥도 못 해 먹는 집에서 의원이 다 무어야."

"그래서 되나요. 우선 산 사람은 살리고 볼 일이니까 가만히 계십쇼. 내가 어떻게 해서든지 서양 의술 하는 의원을 불러 오지요."

"그러면 돈이 많이 들걸. 넉넉지 않은 형세에 돈을 써서야."

"무얼요, 어떻든 살리고 보아야죠."
하며 오라버니는 황망히 밖으로 나간다.

수님이는 속으로 다행하기도 하고 미안하지마는 어떻든 자기의 모든 해결과 행복의 실오라기인 이 모세의 생명을 구하는 것이 첫째 의무인 동시에 또한 급선무이다.

그리고 자기 오라버니가 그렇게까지 신기함을 이야기하는 소리를 들었으므로 의원만 오며는 모세는 곧 나을 줄로 믿었다. 그래서 아무 말 없이 오라버니 나가는 것을 보고만 있었다.

방 안은 조금 고요하였다. 수님이는 조금 울음을 그치고서 깽깽 앓는 소리를 하고 누워 있는 어린애를 앞에다 놓고 꿇어앉았다.

그리고는 괴로워하는 어린애를 내려다보며 두 주먹을 쥐고서 입 밖으로 나오지 않지마는 입 속으로, '모세야 죽지 말고 살아라.' 하고 온 전신의 모든 정성과 힘을 합하여 속으로 부르짖었다.

그리고는 그 말이 떨어지며 기적과 같이 그 아이가 낫기를 바랐다. 그는 주먹을 쥐고 몸을 떨면서 다시 하늘을 쳐다보고 또다시 모든 정성과 힘을 합하여, '하느님, 모세를 데려가지 마시고 이 죄인의 품에 안겨 두옵소서.' 하는 비는 말이 떨어지자 그 아이의 병이 기적과 같이 물러가기를 빌었다.

그러나 그에게 기적을 하느님은 내리지 않았다. 그는 자기를 못 믿었다. 그가 기적처럼 어린아이의 병이 낫기를 바랐으나 그것이 기적처럼 낫지 않을 때 수님이는 다시 목사를 기다리었다.

── 목사가 오셔서 하느님께 기도를 하여 주시면 이 아이의 병이 얼른 날 걸! 예수가 앉은뱅이와 문둥 병자를 고친 것처럼 이 아이의 병이 목사의 기도와 함께 날 수가 있을걸!
하고 그는 목사 오기만 기다리었다.

혈루 병자가 예수의 옷 한 번 만져 보기를 애씀과 같은 그만한 믿음으로써 목사를 기다리었다.

—— 어째 오실 시간이 늦었는데 어찌 오지를 않나.

막달라마리아가 자기 오라비의 죽음을 다시 살게 할 수 있을 줄을 믿음과 같이 수님이는 목사 오기를 기다리었다.

그런데 어린애는 또 울기 시작하였다. 어린애 울음소리는 우중충한 방 안에 흐리터분한 공기를 날카롭게 울리면서 자기의 참담한 현상을 정해 논 곳 없이 부르짖어 호소하는 듯하였다.

털부털부하는 문 구멍, 거미줄 걸린 천장, 신문지로 바른 담벼락, 못이 다 빠지고 장식이 물러난 다 깨어진 석유궤짝으로 만든 장롱까지 어린애의 울음소리가 스칠 적마다 더러운 개천 물에 일어나고 사라지는 물결처럼 모든 가난과 불행과 질병과 탄식이 한꺼번에 춤을 추고 일제히 그 작은 방 가운데서 움직거리는 것 같았다.

평화와 행복의 여신은 눈물을 흘리고 그 자리를 떠난 지가 오래고 줄기차게 오랜 생명을 가진 마신이 이 집 문과 장과 구석과 모퉁이에 서고, 앉고, 드러눕고, 기대인 것 같았다.

가난과 질고는 노파의 얼굴에 주름살과 증오로 탈을 씌워 논 것같이 보기 싫은 얼굴로 한참이나 앉았다가 부시시 일어서며,

"에그, 난 모르겠다. 죽든지 살든지 마음대로들 해라."

하고는 밥을 하려는지 바깥으로 나간다.

삼십 분쯤 지났다. 서산으로 넘는 해는 가뜩이나 우중충한 방을 어둠침침하게 만들어 놓았다. 수님이는 방에 어린애를 안고서 오라버니 오기만 기다린다.

그 때 누구인지 문 앞에 와 서며 불을 때는 노파에게,

"모세 어머니 있어요?"

하는 나이 스물대여섯 살 되어 보이는 목소리로 묻는 소리가 난다.

"있소."

하는 어머니의 소리와 함께,

"쇠 어머니요?"

하고 수님이는,

"들어오시우. 웬일요? 저녁은 해 먹었소?"

하며 반가이 맞아들였다. 그 쇠 어머니는,

"애가 좀 어떻소?"

하며 어린애를 들여다보니까 수님이는 새삼스럽게 걱정스러운 얼굴로,

"점점 더한 모양에요. 그래서 제 외삼춘이 의원을 부르러 가셨어요."

하며 내놓았던 젖을 다시 집어 넣었다.

그 쇠 어머니는 코를 손으로 이리 쓱 씻고 한 번 들여마시고, 저리 한 번 쓱 씻고 들여마시면서,

"오늘 목사님이 오지 않으셨지?"

하며 목사님 오시지 않았느냔 말을 물으면서 무슨 말을 하려고 할 때 바깥에서 부산한 소리가 나더니 수님의 오라버니가 문을 열며,

"이 방이올시다."

하고 가방을 옆에 들고 양복 입은 의사에게 말을 한 후 제가 먼저 들어와 방에 놓여 있는 것을 이 구석 저 구석에다 쓸어박으면서 의원에게 들어오기를 청한다.

수님이와 쇠 어머니는 부산하게 일어섰다. 그리고 의원이 들어와 앉은 뒤에 수님이 혼자 저만큼 비켜앉아 의원의 거동만 본다.

의원은 들어와 앉더니 누워 있는 어린애를 한참 들여다보다가 두말 없이,

"이 애가 언제부터 이렇소?"

하고 수님의 오라버니를 돌아본다. 수님의 오라버니는 다시 수님에게 물어 보는 듯이 수님을 보았다. 수님은 얼른,

"한 대엿새 되었어요."

의사는 어린애 몸을 풀으라 하더니 가방을 열고 기계를 꺼내더니 진찰을 다 그친 뒤에,

　"다 보았소."

하고 방 안을 둘러보며,

　"요새 이 병이 퍽 많은데 병원으로 데려다 치료를 해야지 이대로 이런 데 두며는 어린애에게도 이롭지 못하거니와 다른 사람에게까지 전염이 되니까 병원으로 데려가게 해야겠소."

하고 일어서니까 수님 오라버니는 그저 멀거니,

　"네."

하고 서 있고 수님이는,

　"데려가요?"

하고 의사와 싸움이라도 할 듯한 살기 있는 눈으로 의원을 둘러보았다. 그리고는 다시 어린애 편으로 달려들어 어린애를 휩싸안고서 아무 말 없이 돌아앉더니 눈물 고인 목소리로 혼자말처럼,

　"죽여도 내 품에서 죽일 터에요."

하고는 어린애 위에 엎드려져 운다.

2

　모세를 병원으로 데려간 지 열흘 되던 날이다. 아침부터 퍼부은 눈이 저녁때나 되어서 겨우 끝났다.

　수님이는 날마다 병원에를 갔다. 그러나 병원에서는 수님이에게 모세를 보이지 않았다.

　병원 문간에 서서 하루종일을 지내다가 아무 소식도 듣지 못하고 그대로 온 날도 있었다.

　오늘도 아침밥도 먹지 못하고 병원으로 향하여 간다. 전차도 타지 못

하고 십 리나 되는 병원으로 가는 길은 자기 오라버니가 일을 하는 일본사람 집 앞을 지나게 되므로 갈 적 올 적 들른다.

오라버니를 찾아가니 마침 곳간에서 숯을 쌓고 있었다. 수님이는 머리에 쓴 수건을 벗어서 둘둘 말아 옆에다 끼고서,

"오라버니."

하고 곳간 옆에 가서 부르니까 오라버니는 얼굴과 콧구멍과 두 손이 숯가루가 묻어서 새까매 가지고서 자기 누이를 보더니,

"가만 있거라. 요것 마저 쌓고……."

하고 쌓던 것을 마저 쌓고 나오면서,

"병원에 가니?"

하고서 몸을 탁탁 턴다.

"네 병원에 가요. 그런데 오라버니, 당최 병원에서 어린애를 보이지 않으니 어떻게 된 일에요."

"어저께는 무엇이라고 그러든?"

"어저께요? 어저께는 아무도 만나 보지 못했어요. 그저 아무 염려 말고 가라고만 하는데 그래도 그대로 올 수가 있어야죠. 하루종일 병원 문간에서 서성대다 늦어서야 왔어요. 날이 어둬서 집에 들어오면 어린애 우는 소리가 나는 듯 나는 듯하고 밤에 잠을 자도 꿈마다 모세가 와서 어머니를 부르는데 잠을 잘 수가 있어야죠. 아마 죽을려나 봐."

"에라, 미친 애. 죽기는 왜 죽어. 어떻든 염려 마라. 의원이 오죽 잘 생각하고 잘 고치겠니? 너를 보지 못하게 하는 것도 그것이 전염병이니까 옮을까 봐서 그러는 것이야. 염려 말고 있어. 그러면 내 뒷담당은 해 줄게……."

"그래도 내 생각 같아서는 아무리 해도 못 믿겠어요. 나는 걔가 죽으면 나도 따라 죽을 터이야. 모세를 죽이고는 모세 아버지에게도 이

뒤에 만나서 얼굴을 들 수 없거니와 나도 살아갈 재미가 없어요. 세상에서는 나를 망할 년, 더러운 년, 서방질한 년이라고 욕들만 하고 어머니는 날마다 다른 데로 시집가지 않는다고 구박만 하고, 다만 그것 하나만 믿고 사는데 만일 그것이 죽으면 나는 살아서 무엇하우."

하고서 치맛자락으로 눈물을 씻는다. 오라버니는 선웃음을 껄껄 웃으며,

"허허, 왜 마음을 그렇게 먹고서 자꾸 속을 졸여. 그까짓 남이 무엇이라고 그러든지 말든지 상관할 게 무어며 어머닌들 오죽 화가 나셔야 그러시겠나? 너를 미워서 그러실 리가 없으니까 아무 염려마라. 그리고 어린애는 아무 걱정이 없어. 병원에서 그까짓 병쯤 고치기를 그러니. 그 이상 가는 병이라도 제꺽제꺽 고치는데. 몇 해 묵은 병 아주 못 고친다고 단념한 병을 고치고 완인이 된 사람이 얼만지 모른다. 아무 염려 말어……."

수님이는 또다시 오라버니를 믿었다.

그리고 오라버니는 모든 것이 저보다 많이 아는 사람이고 세상 경난을 많이 해 본 사람이니까 믿음직한 사람인 동시에 근자에 모세가 병원으로 간 뒤에 집안 식량과 살림 일체를 대어 주는데 얼마나 많은 감사와 믿음이 생기는지 알 수 없었다.

수님이는 조금 생각을 하는 듯이 땅만 내려다보고 섰다가,

"그러면 나는 오라버니 말씀을 믿어요."

하고 조금 근심이 풀린 것처럼 두 눈에 따뜻한 광채로 자기 오라버니를 쳐다보았다.

"글쎄 염려 말어……."

하고 오라버니는 다시 곳간 옆으로 비켜서더니,

"그런데 수님아, 내 잘 봤는지는 모르겠으나 어저께 저녁에 친구들과 술을 먹고 너의 집으로 가려니까 웬 사람 하나가 너의 집 앞에서 서

성서성하더니 나를 보고는 줄달음질을 해 가지 않겠니⋯⋯."

수님이 눈이 뚱그레지며,

"그래서요, 도둑놈이든 게지. 어떻게 됐어요?"

"도둑놈은. 너의 집이 무엇이 그리 집어 갈 것이 많아서 도둑놈이 엿을 봐. 글쎄 내 말을 들어. 그래 하도 수상하기에 쫓아가지를 않았겠니⋯⋯."

"네."

"쫓아가다가 거의 다 쫓아가서 골목쟁이 하나를 휙 돌아서는데 눈결에 흘끗 보니까 암만해도 모세 애비 같지 않겠니. 그래서 더 속히 따라가 보니까 어디로 갔는지 골목으로 들어갔는데 아무리 헤맨들 찾을 수가 있어야지⋯⋯."

수님이는 무슨 경이나 당한 듯이 눈을 크게 뜨고,

"그래서 어떡했어요?"

하고 온몸을 옹송그리고 오라버니의 입에서 떨어지는 수수께끼 같은 말의 순서를 기다린다.

"그래 온통 큰길로, 골목으로 헤매면서 돌아다니나 어디 있어야지. 그래 하는 수 없이 집으로 바로 가서 자 버렸어."

수님이는 거짓말과 참말, 믿음과 의심, 그 경계선을 밟고서 이리 기울어져 보기도 하고, 저리 기울어져 보기도 하는 듯한 감정으로,

"그럼 그게 모세 아버질까요? 모세 아버지 같으면 들어오기라도 하였을 터인데. 오라버니가 잘못 보신 게지."

하고서 나타났다 사라졌다 하는 좋은 희망을 머릿속에 그리면서 오라버니에게 그것이 모세 아버지니 믿으라는 단정이 나오기를 기다리고 섰다.

"글쎄 나도 알 수는 없어. 어떻든 알 수 없는 일야. 일전에도 누구한테 들으니까 모세 애비가 전라도 목포 항구에서 일본 사람의 방앗간

에서 일을 하면서 너의 소식을 묻고 모세도 잘 자라느냐고 묻고 며칠 안 되면 서울로 다시 오겠다 하더란 말을 들었는데 서울로 왔는지도 모르지……."

"왔으면 집에 올 텐데 오지 않았길래 오지 않았죠."

"글쎄."

수님이는 아무 말이 없다가 또다시 말머리를 돌려서,

"그런데 오라버니, 나는 예수 믿은 것이 아무리 생각을 해도 헛짓을 한 것 같애. 우리 집에 와서 기도해 주던 목사 있지 않아요……."

"그래."

"그 목사도 모세 병처럼 앓는데 죽게 되었대요."

"그런 것야. 그 병은 전염병인 까닭에 옮겨 가기가 쉬운 것야. 그러게 병원에서는 너도 들어오지 못하게 하지 않니?"

"그런가 봐. 그 목사는 약도 쓰지 않고 날마다 모여서 기도들만 하는데 점점 더하면 더했지 조금도 낫지를 않는대요. 어떤 사람들은 우리 집 칭원들을 하면서 죄인 아들이 되어서 하느님이 벌을 주실려고 그런다고……."

"다 쓸데없는 것야. 병은 의술로 고쳐야 하는 것이지 기도가 무슨 기도냐 글쎄."

"그렇지만 기도를 하고 나면 마음이 조금 시원한 듯해서 나도 날마다 기도는 하지요."

오라버니는 픽 웃더니,

"시원하기는 무엇이 시원해. 대관절 또 병원으로 가는 길이냐?"

"네."

"가서는 무엇 하니. 가서 보지도 못하는걸."

"그래도 문간에 섰다 오더라도 가지 않으면 궁금해서 견딜 수가 있어 야죠."

"아무 염려 말어 글쎄. 병원에 가기만 하면 낫는다니까 그러니. 집에 가 있거라. 내 이따가 전화로 물어 봐다 줄게……."

"그래도 난 가 볼 테야. 찻삯이나 좀 주시우."

오라버니는 백통 쇠사슬 달린 가죽 지갑에서 돈을 꺼내면서,

"갈 것 없다니까 그러네. 정 가고 싶은 것 억지로 막을 수는 없지마는……."

하고 수님에게 찻삯을 주었다.

3

또 닷새가 지났다.

어저께 목사의 죽은 장례가 나갔다. 수님이는 한 번 아니 놀랄 수가 없었다. 그 놀라운 가슴이 가라앉기 전에 수님에게는 세상에 가장 엄숙하고 자기에게 가장 절망되는 소식을 들었다. 그것은 모세가 병원에서 죽었다는 것이다. 오라버니가 다 저녁때 힘없이 수님의 집으로 들어오더니,

"수님아."

하고 차마 나오지 않는 목소리는 벌써 번갯불같이 수님의 머리에 무슨 불상사를 이르는 듯하였다.

"네."

하는 수님이는 다른 날보다도 더 무서운 사실을 당하는 것처럼 달려나갔다.

그리고 오라버니의 기운없고 낙망하는 얼굴을 쳐다보며,

"왜 그러세요? 병원에서 무슨 소식이 왔어요?"

하며 달려들 듯이 오라버니 앞에 섰다.

오라버니는 한참이나 말이 없이 방에 들어와 쓰러지듯이 앉더니,

"놀라지 마라."
하고,
　"모세가 죽었단다."
하였다.
　수님이의 가슴은 그 소리가 날카로운 칼로 찌르는 듯하였다. 그러나 그 찌르는 듯한 것이 변하여 다시 그 사실을 부인하는 듯이 자기 오라버니를 쳐다보며 깔깔 웃지 않을 수 없었다.
　"거짓말, 오라버니는 왜 그런 말씀을 하시우. 남 놀라게."
할 만치 그에게는 그 사실이 너무나 거짓말 같았다.
　그리고 만일 그 사실이 참말이라 할지라도 수님이는 그 사실을 참으로 인정할 수 없었다.
　이 말을 들은 그 옆에 앉아 있는 노파는 도리어 그 사실을 그 사실대로 들었다.
　"저런."
　노파의 눈에는 가엾은 일은 일이지마는 숙명적으로 그 사실이 있을 것이요, 또는 그 사실이 있어야 할 것을 미리 알고 있었던 것처럼 다만 입맛만 다시면서,
　"가엾기는 하지마는 팔자 좋게 잘 죽었느니라."
하였다. 수님이는 다시 물었다.
　"정말에요 오라버니?"
하는 말에 오라버니의 얼굴은 엄숙한 사실을 거짓말로는 꾸밀 수 없다는 듯이,
　"정말야, 지금 병원에서 전화가 왔어."
　수님은 이제 몸부림해서 울지 않을 수가 없다. 그는 자기 오라버니에게 달려들었다.
　"나를 죽여 주. 나를 죽여요. 죽여도 내 품에 안고 죽일 걸 왜 오라버

니는 병원으로 데려다가 죽는 것도 보지 못하게 하였소! 그렇게 잘 고친다는 병원에서 왜 죽였소. 내 아들 찾아 놓소. 그 자식이 어떤 자식인 줄 알고 그러우. 내 목숨보다도 중한 자식요."

하고는 방바닥에 엎드러져 울면서,

"모세야, 모세야. 네 어미까지 마저 데리고 가거라. 죽을 적에 어미의 젖 한 방울 먹어 보지 못하고 어미의 품에 한 번 안겨 보지 못하고, 모세야, 모세야……"

하며 우는 꼴을 옆에서 보는 노파도 인생의 죽음이란 그것은 가장 슬픈 것인 것을 느꼈는지 주름살 잡힌 눈에서 눈물이 떨어진다. 오라버니도 좋지는 않은 얼굴로 멀거니 앉았다.

"아, 모세야, 나는 이제 죽는다. 나는 죽어야 한다."

한참 울 때 오라버니는 수님을 달래려고,

"우지 마라! 이왕 죽은 자식을 울며는 어떻게 하니. 고만 그쳐. 시끄럽다."

그렇지만 오라버니 입에는 수님이를 위로할 말이 없었다.

한 말 또 하고 한 말 또 하고 다만 우지 마라, 우지 마라 하는 말이 있을 뿐이었다.

노파는 울음을 그치고 머릿속으로는 하얀 관에 뭉친 어린애 주검을 장사할 걱정이 있고 또는 그 장사를 하려면 돈이 들 걱정이 있었으나 수님의 머리와 피와 마음 속에는 모세를 다시 살릴 수가 이 세상에는 있으리라는 알 수 없는 의심과 또한 본능적으로 모세는 다시 살지 못하리라는 의식이 그를 몸부림과 가장 큰 비통 속에 그의 모든 것을 집어 던지었다.

날이 저물고 눈 위에 달이 차게 비치었다. 수님이와 오라버니는 모세의 송장을 찾으러 가려고 문 밖으로 나섰다.

오라버니가 먼첨 돈을 변통하러 가고 수님이는 눈물 가린 눈으로 흰 눈을 밟으면서 걸어간다.

수님이가 골목 모퉁이를 돌아서려 할 때 마침 저 쪽에서 돌아 들어오는 사람 하나와 딱 맞닥뜨리자 수님이는 얼굴을 쳐들어 그 사람을 보고는 그대로 멈칫 하고 서서 그 사람을 붙잡으려는 채 못미쳐 동작으로 달려들 듯하더니,

"아, 모세 아버지!"

하고서 두 손으로 얼굴을 가리고 서서 울었다. 모세 아버지란 그 사람도 껴안을 듯이,

"수님이."

하고 덤벼들려 하다가 그대로 한참 서 있다. 수님이는 목메인 소리에 무슨 죄악을 고백하는 듯이,

"모세는 죽었어요."

하고 울음소리는 더 높아졌다.

수님의 가슴은 죄지은 사람 모양으로 떨리고 할 말 없기도 하고 또는 오래간만에 모세 아버지를 만나매 반갑기도 하여 속에 있는 모든 감정이 실 엉키듯 엉키어 순서를 차려 먹었던 마음을 다 말할 수 없고 다만 울음으로써 그 모든 것을 애소도 하고 진정도 하는 수밖에는 없었다.

모세 아버지란 사람은 조금 창피함을 깨달은 듯이 골목 으슥한 곳으로 들어서며 검은 얼굴에 조금 더러운 웃음을 나타내며,

"모두 다 너 때문이다."

하며 멸시하듯 수님이를 보더니,

"내가 오늘 이렇게 밤중에 골목으로만 다니게 된 것도 너 때문이요, 남의 눈을 속이고 다니게 된 것도 다 너 때문이었다. 그러나 그래도 자식 생각을 하고서 서울 온 뒤 날마다 너의 집 앞에 와서 소식이나 들으려 하였더니, 모세가 죽었다니 이제는 너와 나와는 영 이별인 줄

알아라……."

하는 말을 듣자 수님이는 옆의 담에 가서 그대로 고꾸라지며,

"모세 아버지! 나는 그래도 여태까지 당신을 믿었었지요!"

하고 느껴 울면서,

"왜 모두 내 탓을 하시우. 나는 그래도 당신만 믿고 바라고 여태까지
어린것을 기르고 있었지요. 모세 아버지, 정말 나를 버리실 터요?"

모세 아버지는 차디찬 목소리로,

"나는 너 때문에 몸을 버린 사람이다. 나는 나의 일생을 너 때문에 그
르친 사람이다. 나는 지금 어디로 떠날는지 모르니까 마지막으로 잘
만났다. 자, 나는 간다."

하고 모세 아버지가 가려 하니까 수님이는 모세 아버지를 붙잡으며,

"어디로 가시우. 왜 전에 그 방앗간 옆에서 비 오는 날 나를 일평생
잊지 않는다 하셨지요? 지금은 왜 그 때 말씀을 잊어버리셨소. 가시
려거든 나를 데리고 가시우."

하며 매달렸다. 모세 아버지는 껄껄 웃으며,

"나는 그 때 사람이 아니다. 그 때의 내가 아니란 말야. 자 놔라. 공연
히 남에게 들키면 나는 내일부터 홍바지 저고리를 입을 사람야."

수님이는 끌려가면서,

"정말 가시우?"

하며 애원하듯이,

"정말이오?"

한다.

그 때 저 쪽에서 누구인지 이 쪽으로 오는 기척이 나니까 모세 아버
지는 수님을 뿌리치고 저 쪽으로 가 버리고 수님이는 눈 위에 엎드려져
운다.

수님이는 한참 울다 일어났다. 그의 눈에는 다시 목사의 상여가 보이

고 어린애의 주검이 보이었다. 그리고 혼자 모세와 머리를 쥐어뜯으며,

　"아, 나에게는 예수도 없고 병원도 없고 모세 아버지도 없고 아무것
　도 없다."

하고는 다시 공중을 우러러보며,

　"모세 아버지도 갔다. 나에게는 아무것도 없다."

　소리를 지르고 사면을 돌아다볼 때 하얀 눈 위에 밝은 달이 차디차게
비치었는데 고요한 침묵으로 둘린 가운데 다만 자기 혼자 외로이 서 있
는 것을 깨달았다.

　그가 그렇게 분명히 그렇게 외로운 가운데서 자기를 찾아내기는 지
금이 자기 일생에 처음이었다.

덕수궁 준명당

부록

작가와 작품 스터디

● 나도향 (1902~1926)

　　나도향은 서울에서 태어났다. 본명은 경손이고 호는 도향, 필명은 빈이다. 배재 고보를 졸업하고 할아버지의 권유로 경성 의학 전문 학교에 입학했으나 의학보다 문학에 뜻을 두고 문학 수업을 하기 위해 가족 몰래 일본으로 건너갔다. 하지만 학비가 모자라 오래 머물지 못하고 귀국했다.

　　1921년 〈신청년〉에 〈나의 과거〉를 발표하면서 작가 활동을 시작했다. 초기에는 감상적인 작품을 쓰며 낭만주의를 표방했다. 하지만 이것도 급격하게 바뀌어 관찰 중심의 자연주의를 실험했다. 그러다가 비판적 사실주의를 시도했다. 그 다음에는 사회 변화를 보여 주는 인간형에 몰두하는 보다 예리한 사실주의적인 경향으로 흘러갔다. 초기의 감상적 낭만주의를 극복하고 인간의 진실한 애정과 그것이 주는 인간 구원의 의미를 보여 주었다. 그의 여러 가지 시도들은 성공을 거두지는 못했다. 하지만 문학의 초창기라는 현실을 생각해 볼 때 비록 실패했다 할지라도 그 시도만으로도 나름의 가치를 지녔다고 할 수 있다.

　　1921년 홍사용, 이상화, 현진건, 박영희 등과 더불어 〈백조〉의 동인이 되었다. '도향' 이라는 호는 〈백조〉의 동인이던 월탄 박종화가 지어 준 이름이다. 그는 방랑벽이 있었다. 1925년 가을 또다시 도일하여 수학의 길에 올랐으나 이 역시 실패로 돌아간다.

　　작품으로는 〈환희〉, 〈여이발사〉, 〈전차 차장의 일기 몇 절〉, 〈벙어리 삼룡이〉, 〈물레방아〉, 〈뽕〉, 〈피묻은 편지 몇 장〉 등이 있다. 급성 폐렴으로 요절했다.

● **벙어리 삼룡이**　인심이 후하고 사람들의 존경을 받는 오 생원의 집에는 삼룡이라는 벙어리 머슴이 살고 있다. 진실하고 충성스러워 주인의 사랑을 받는 삼룡이는, 버릇없고 고약한 성격의 주인 아들에게도 언제나 친절하다. 어느 날 주인 아들이 장가를 들었다. 새아씨는 열등감에 사로잡힌 주인 아들의 미움을 받는다. 삼룡이에게 부시 쌈지를 만들어 주었다가 그것이 말썽이 되어 삼룡이는 내쫓긴다. 그 날 밤, 그 집에 불을 지르고 불 속으로 뛰어든 삼룡이는 주인 아들의 손길을 뿌리친 채 새아씨를 찾아 안고 나온다. 삼룡이는 행복한 미소를 지으며 새아씨를 무릎에 누이고 죽는다.

● **뽕**　안협집은 노름꾼 김삼보의 아내이다. 그녀는 정조 관념이 없어 늘 집을 비우는 남편 대신 돈을 벌기 위해 몸을 판다. 뒷집 머슴 삼돌이는 그녀에게 눈독을 들이지만 안협집은 그에게 쌀쌀맞게 대한다. 어느 날 안협집과 삼돌이는 남의 뽕을 훔치러 간다. 하지만 뽕지기에게 들켜 안협집만 붙잡히고 정조를 팔아 위기를 모면한다. 며칠 후 남편이 돌아오자 삼돌이는 그녀에게 외면당한 앙갚음으로 그에게 뽕밭 사건을 고자질한다. 삼보는 안협집을 죽도록 팬다. 다음 날 삼보는 예전처럼 집을 떠나고 안협집은 여전히 헛간에서 잠을 잔다.

● **젊은이의 시절**　철하는 예술에 대한 고민으로 하루하루가 혼란스럽다. 누님의 연인인 영빈 씨는 그런 철하의 모습을 질책한다. 어느 날 철하는 영빈 씨가 다른 여성과 함께 있는 것을 보게 되고, 누님은 영빈 씨와 헤어지게 된다. 그런 모습을 본 철하는 누님에게서 사랑을 느낀다.

● **행랑 자식**　진태는 삼태기로 눈을 치우다 주인 마님의 신발을 더럽히고 삼태기마저 잃어버려 혼이 난다. 마음이 상한 진태는 주인집에서 주는 밥을 외면한 채 눈물만 흘린다. 다음 날 새로운 삼태기가 걸려 있다.

논술 가이드

〈벙어리 삼룡이〉의 한 대목입니다. 제시문을 읽고 다음 문제에 답하시오.

[문항 1]

> 속으로, 나는 '벙어리'다, 자기가 생각할 때 그는 몹시 원통함을 느끼는 동시에 나는 말하는 사람들과 똑같은 자유와 똑같은 권리가 없는 줄 알았다.
>
> (중략)
>
> 그는 비로소 자기의 몸이 자유롭지 못한 것을 알았다. 그러나 그는 자기가 여태까지 맛보지 못한 즐거운 쾌감을 자기의 가슴에 느끼는 것을 알았다.
>
> 새아씨를 자기 가슴에 안았을 때 그는 이제 처음으로 살아난 듯하였다. 그는 자기의 목숨이 다한 줄 알았을 때, 그 새아씨를 자기 가슴에 힘껏 껴안았다가 다시 그를 데리고 불 가운데를 헤치고 바깥으로 나온 뒤에 새아씨를 내려놓을 때에 그는 벌써 목숨이 끊어진 뒤였다.

(1) 윗글에서 삼룡이는 자신이 말을 못 하기 때문에 다른 사람들과 같을 수 없다고 생각합니다. 장애인들을 생각하면서, 삼룡이의 생각에 대한 자신의 의견을 말해 봅시다.

----

(2) 삼룡이는 불이 난 집에 들어가 새아씨를 구해 냅니다. 새아씨를 안고 나오면서 느꼈던 쾌감은 어떤 것일까요? 새아씨에 대한 삼룡이의 마음을 생각하며, 삼룡이가 어떤 감정을 느꼈을지 말해 봅시다.

〈뽕〉의 두 대목입니다. 제시문을 읽고 다음 문제에 답하시오.

[문항 2]

> '돈만 있으면 서방도 있고 먹을 것, 입을 것이 다 있지.'
> 하는 굳은 신조는 자기 목숨을 내어놓고는 무엇이든지 제공하여 부끄러운 것
> 이 없었다.
> 　십오륙 세 적, 참외 한 개에 원두막 속에서 총각녀석들에게 정조를 빌린 것
> 이나, 벼 몇 섬, 돈 몇 원, 저고리감 한 벌에 그것을 빌리는 것이 분량과 방법
> 이 조금 높아졌을 뿐이요 그 관념은 동일하였다.

> "흥!"
> 의미 있는 웃음을 웃어 버렸다.
> 　안협집은 이 웃음에 한 가닥 희망을 얻었다. 그 웃음은 안협집의 손아귀에
> 자기를 갖다 쥐어 준다는 웃음이다. 안협집은 따라서 방싯 웃었다. 그 웃음
> 한 번이 넉넉히 뽕지기의 마음을 반 이상이나 흰 죽 풀어지게 하였다.

　(1) 첫번째 글에서 안협집은 돈만 있으면 무엇이든 할 수 있다고 생각합니다.
안협집의 행동과 생각에 대한 각자의 의견을 말해 봅시다.

----

　(2) 두 번째 글에서 뽕지기는 안협집의 얼굴을 보고 웃음을 흘립니다. 안협
집도 그 웃음을 보고 한 가닥 희망을 얻게 됩니다. 과연, 그 웃음에 담긴 의미
는 무엇일까요? 뽕지기와 안협집의 생각을 추측해서 서술해 봅시다.

〈젊은이의 시절〉의 한 대목입니다. 제시문을 읽고 다음 문제에 답하시오.

[문항 3]

"다 틀렸어요. 실업가의 아드님은 부모에게 정신 유전을 받는 것같이 직업이나 학업도 유전적으로 해야 한다고 당당한 다윈의 학설을 주장하시니까요, 저는 더 말할 것 없습니다마는…… 제삼자가 되어서…… 매씨께서도 퍽 말씀을 하셨으나 당초에……."

그 눈물은 철하의 손등에 떨어졌다. 그 여신은 철하를 껴안고 어머니가 어린 자식을 어루만지듯 하였다. 철하는 그 여신을 단단히 쥐었다. 그러나 그 여신은 돌아가려 하였다.

철하는 놓치지 않았다. 그 때 여신의 몸은 구름같이 변하고 아지랑이같이 변하고 보이지 않는 소리로 변하였다. 그리고 저 쪽 지평선으로 넘어갔다. 철하는 여신의 사라진 손만 쥐고 있었다. 그는 다시 엎드려 울었다.

(1) 첫번째 글은 영빈 씨가 예술에 대해 고민하고 있는 철하에게 하는 말입니다. 영빈 씨가 다윈의 학설을 예로 든 이유는 무엇일까요? 그것을 통해 말하고자 한 바는 어떤 것일까요? 각각 말해 봅시다.

- -

- -

(2) 두 번째 글에서 철하는 꿈인 듯 여신의 존재를 느낍니다. 하지만 그것은 다름아닌 자신의 누이입니다. 철하가 누이에 대해 느끼는 감정은 무엇일까요? 철하의 감정에 대해 서술해 봅시다.

- -

- -

〈행랑 자식〉의 두 대목입니다. 제시문을 읽고 다음 문제에 답하시오.

[문항 4]

> 진태는 무참하였다. 손에는 어제 저녁에 습자 쓰다가 묻은 먹이 꺼멓게 묻어 있다. 털어 드리면 잘못을 용서하실 줄 알았더니 더 더러워진다 핀잔을 주시고 역정을 더 내시는 것 같다. 그래서 그는 어떻게 해야 좋을지 알지 못하여 그대로 멀거니 서 있었다. 무안을 당하여 얼굴도 홧홧 하고 두 손에서는 불이 난다.

> 그러나 첫째 집은 가지를 못한다. 그것은 그 전당국 주인의 아들이 자기하고 같은 학교를 다니니까 만일 들키면 창피할 것이요, 부끄러울 것이라, 그래서 그 집을 남겨 놓고 먼 저 아래 전당국으로 가리라 하였다. 그는 팔짱을 끼고 웅숭그리고서 전당국으로 들어가려 하니까 어째 누가 손가락질을 하는 것 같고 구차함을 비웃는 듯하다. 그리고 그 전당국 주인까지도 자기의 구차한 것을 호령이나 할 듯이 쉬울 것 같다.

(1) 첫번째 글에서 진태는 주인 마님의 신발을 깨끗이 털어 주려 했으나 오히려 무안만 당하고 맙니다. 만약 여러분이 주인 마님이라면, 진태의 마음을 상하게 하지 않고 말할 수 있는 방법에 어떤 것이 있을까요? 말해 봅시다.

----

(2) 두 번째 글에서 전당국으로 들어서는 진태는 어쩐지 당당하지 못한 모습입니다. 전당국 앞에 선 진태의 마음은 어떠할까요? 만약 진태의 입장이었다면 자신은 어떤 생각을 했을까요? 각각 자유롭게 말해 봅시다.

〈베스트 논술 한국대표문학〉(전60권) 목록

권별	작품	작가
1	무정 I	이광수
2	무정 II	이광수
3	무명 · 꿈 · 옥수수 · 할멈	이광수
4	감자 · 시골 황 서방 · 광화사 · 붉은 산 · 김연실전 외	김동인
5	발가락이 닮았다 · 왕부의 낙조 · 전제자 · 명문 외	김동인
6	배따라기 · 약한 자의 슬픔 · 광염 소나타 외	김동인
7	B사감과 러브레터 · 서투른 도적 · 술 권하는 사회 · 빈처 외	현진건
8	운수 좋은 날 · 까막잡기 · 연애의 청산 · 정조와 약가 외	현진건
9	벙어리 삼룡이 · 뽕 · 젊은이의 시절 · 행랑 자식 외	나도향
10	물레방아 · 꿈 · 계집 하인 · 별을 안거든 우지나 말 걸 외	나도향
11	상록수 I	심훈
12	상록수 II	심훈
13	탈춤 · 황공의 최후 / 적빈 · 꺼래이 · 혼명에서 외	심훈 / 백신애
14	태평 천하	채만식
15	레디메이드 인생 · 순공 있는 일요일 · 쑥국새 외	채만식
16	명일 · 미스터 방 · 민족의 죄인 · 병이 낫거든 외	채만식
17	동백꽃 · 산골 나그네 · 노다지 · 총각과 맹꽁이 외	김유정
18	금 따는 콩밭 · 봄봄 · 따라지 · 소낙비 · 만무방 외	김유정
19	백치 아다다 · 마부 · 병풍에 그린 닭이 · 신기루 외	계용묵
20	표본실의 청개구리 · 두 파산 · 이사 외 / 모범 경작생	염상섭 / 박영준
21	탈출기 · 홍염 · 고국 · 그믐밤 · 폭군 · 박돌의 죽음 외	최서해
22	메밀꽃 필 무렵 · 낙엽기 · 돈 · 석류 · 들 · 수탉 외	이효석
23	분녀 · 개살구 · 산 · 오리온과 능금 · 가을과 산양 외	이효석
24	무녀도 · 역마 · 까치 소리 · 화랑의 후예 · 등신불 외	김동리
25	하수도 공사 / 지맥 / 그 날의 햇빛은 · 갈가마귀 그 소리	박화성 / 최정희 / 손소희
26	지하촌 · 소금 · 원고료 이백 원 외 / 경희	강경애 / 나혜석
27	제3인간형 / 제일과 제일장 외 / 사랑 손님과 어머니 외	안수길 / 이무영 / 주요섭
28	날개 · 오감도 · 지주 회시 · 환시기 · 실화 · 권태 외	이상
29	봉별기 · 종생기 · 조춘점묘 · 지도의 암실 · 추등잡필	이상
30	화수분 외 / 김 강사와 T교수 · 창랑 정기 / 성황당	전영택 / 유진오 / 정비석

권별	작품	작가
31	민촌 / 해방 전후 · 달밤 외 / 과도기 · 강아지	이기영 / 이태준 / 한설야
32	소설가 구보씨의 일일 / 장삼이사 · 비오는 길 / 석공 조합 대표 / 낙동강 · 농촌 사람들 · 저기압	박태원 / 최명익 송영 / 조명희
33	모래톱 이야기 · 사하촌 외 / 갯마을 / 혈맥 / 전황당인보기	김정한 / 오영수 / 김영수 / 정한숙
34	바비도 외 / 요한 시집 / 젊은 느티나무 외 / 실비명 외	김성한 / 장용학 / 강신재 / 김이석
35	잉여 인간 / 불꽃 / 꺼삐딴 리 · 사수 / 연기된 재판	손창섭 / 선우휘 / 전광용 / 유주현
36	탈향 외 / 수난 이대 외 / 유예 / 오발탄 외 / 4월의 끝	이호철/ 하근찬/ 오상원/ 이범선/ 한수산
37	총독의 소리 / 유형의 땅 / 세례 요한의 돌	최인훈 / 조정래 / 정을병
38	어둠의 혼 / 개미귀신 / 무진 기행 · 서울 1964년 겨울 외	김원일 / 이외수 / 김승옥
39	뫼비우스의 띠 / 악령 / 식구 관촌 수필 / 기억 속의 들꽃 / 젊은 날의 초상	조세희 / 김주영 / 박범신 이문구 / 윤흥길 / 이문열
40	김소월 시집	김소월
41	윤동주 시집	윤동주
42	한용운 시집	한용운
43	한국 고전 시가와 수필	유리왕 외
44	한국 대표 수필선	김진섭 외
45	한국 대표 시조선	이규보 외
46	한국 대표 시선	최남선 외
47	혈의 누 · 모란봉	이인직
48	귀의 성	이인직
49	금수 회의록 · 공진회 / 추월색	안국선 / 최찬식
50	자유종 · 구마검 / 애국부인전 / 꿈하늘	이해조 / 장지연 / 신채호
51	삼국유사	일연
52	금오신화 / 홍길동전 / 임진록	김시습 / 허균 / 작자 미상
53	인현왕후전 / 계축일기	작자 미상
54	난중일기	이순신
55	흥부전 / 장화홍련전 / 토끼전 / 배비장전	작자 미상
56	춘향전 / 심청전 / 박씨전	작자 미상
57	구운몽 · 사씨 남정기	김만중
58	한중록	혜경궁 홍씨
59	열하일기	박지원
60	목민심서	정약용

〈베스트 논술 한국대표문학〉에 실린 소설과 교과서 대조표

* 〈베스트 논술 한국대표문학〉에 실린 소설과 현행 국어 · 문학 18종 교과서의 수록 내용을 비교 · 분석하였다.

● 초등 학교 교과서(국어)

금오신화, 구운몽, 심청전,
흥부전, 토끼전, 박씨전,
장화홍련전, 홍길동전

● 국정 교과서

작품	작가	교과목
고향	현진건	고등 학교 문법
동백꽃	김유정	중학교 국어 2-1, 중학교 국어 3-1
벙어리 삼룡이	나도향	중학교 국어 1-1
봄봄	김유정	고등 학교 국어(상)
사랑 손님과 어머니	주요섭	중학교 국어 2-1
오발탄	이범선	중학교 국어 3-1
운수 좋은 날	현진건	중학교 국어 3-1

● 고등 학교 문학 교과서

작품	작품	출판사
감자	김동인	교학, 지학, 디딤돌, 상문
갯마을	오영수	문원, 형설
고향	현진건	두산, 지학, 청문, 중앙, 교학, 문원, 민중, 블랙, 디딤돌
관촌 수필	이문구	지학, 문원, 블랙
광염 소나타	김동인	천재, 태성

금 따는 콩밭	김유정	중앙
금수회의록	안국선	지학, 문원, 블랙, 교학, 대한, 태성, 청문, 디딤돌
김 강사와 T교수	유진오	중앙
까마귀	이태준	민중
꺼삐딴 리	전광용	지학, 중앙, 두산, 블랙, 디딤돌, 천재, 케이스
날개	이상	문원, 교학, 중앙, 민중, 천재, 형설, 청문, 태성, 케이스
논 이야기	채만식	두산, 상문, 중앙, 교학
닳아지는 살들	이호철	천재, 청문
동백꽃	김유정	금성, 두산, 블랙, 교학, 상문, 중앙, 지학, 태성, 형설, 디딤돌, 케이스
두 파산	염상섭	문원, 상문, 천재, 교학
등신불	김동리	중앙, 두산
만무방	김유정	민중, 천재, 두산
메밀꽃 필 무렵	이효석	금성, 상문, 중앙, 교학, 문원, 민중, 블랙, 디딤돌, 지학, 청문, 천재, 케이스
모래톱 이야기	김정한	디딤돌, 교학, 문원
모범경작생	박영준	중앙
뫼비우스의 띠	조세희	두산, 블랙
무녀도	김동리	천재, 지학, 청문, 금성, 문원, 민중, 케이스

작품	작가	출판사
무정	이광수	디딤돌, 금성, 두산, 교학, 한교
무진기행	김승옥	두산, 천재, 태성, 교학, 문원, 민중, 케이스
바비도	김성한	민중, 상문
배따라기	김동인	상문, 형설, 중앙
벙어리 삼룡이	나도향	민중
복덕방	이태준	블랙, 교학
봄봄	김유정	디딤돌, 문원
붉은 산	김동인	중앙
B사감과 러브레터	현진건	교학
사랑 손님과 어머니	주요섭	중앙, 디딤돌, 민중, 상문
사수	전광용	두산
사하촌	김정한	중앙, 문원, 민중
산	이효석	문원, 형설
서울, 1964년 겨울	김승옥	문원, 블랙, 천재, 교학, 지학, 중앙
성황당	정비석	형설
소설가 구보씨의 일일	박태원	중앙, 천재, 교학, 대한, 형설, 문원, 민중
수난 이대	하근찬	교학, 지학, 중앙, 문원, 민중, 디딤돌, 케이스
애국부인전	장지연	지학, 한교
어둠의 혼	김원일	천재
역마	김동리	교학, 두산, 천재, 태성, 형설, 상문, 디딤돌

역사	김승옥	중앙
오발탄	이범선	교학, 중앙, 금성, 두산
요한 시집	장용학	교학
운수 좋은 날	현진건	금성, 문원, 천재, 지학, 민중, 두산, 디딤돌, 케이스
유예	오상원	블랙, 천재, 중앙, 교학, 디딤돌, 민중
자유종	이해조	지학, 한교
장삼이사	최명익	천재
전황당인보기	정한숙	중앙
젊은 날의 초상	이문열	지학
젊은 느티나무	강신재	블랙, 중앙, 문원, 상문
제일과 제일장	이무영	중앙
치숙	채만식	문원, 청문, 중앙, 민중, 상문, 케이스
탈출기	최서해	형설, 두산, 민중
탈향	이호철	케이스
태평 천하	채만식	지학, 금성, 블랙, 교학, 형설, 태성, 디딤돌
표본실의 청개구리	염상섭	금성
학마을 사람들	이범선	민중
할머니의 죽음	현진건	중앙
해방 전후	이태준	천재
혈의 누	이인직	천재, 금성, 민중, 교학, 태성, 청문
홍염	최서해	상문, 지학, 금성, 두산, 케이스
화수분	전영택	태성, 중앙, 디딤돌, 블랙

〈베스트 논술 한국대표문학〉에 실린 시와 교과서 대조표

*〈베스트 논술 한국대표문학〉에 실린 시와 현행 국어 · 문학 18종 교과서의 수록 내용을 비교 · 분석하였다.

작품	작가	출판사
가는 길	김소월	지학, 블랙, 민중
가을의 기도	김현승	블랙
겨울 바다	김남조	지학
고향	백석	형설
국경의 밤	김동환	지학, 천재, 금성, 블랙, 태성
국화 옆에서	서정주	민중
귀천	천상병	지학, 디딤돌
귀촉도	서정주	지학
그 날이 오면	심훈	지학, 블랙, 교학, 중앙
그대들 돌아오시니	정지용	두산
그 먼 나라를 알으십니까	신석정	교학, 대한
껍데기는 가라	신동엽	지학, 천재, 금성, 블랙, 교학, 한교, 상문, 형설, 청문
꽃	김춘수	금성, 문원, 교학, 중앙, 형설
끝없는 강물이 흐르네	김영랑	디딤, 교학
나그네	박목월	천재, 블랙, 중앙, 한교
나룻배와 행인	한용운	문원, 블랙, 대한, 형설
남신의주 유동 박시봉방	백석	지학, 두산, 상문

작품	작가	출판사
남으로 창을 내겠소	김상용	지학, 한교, 상문
내 마음은	김동명	중앙, 상문
내 마음을 아실 이	김영랑	한교
농무	신경림	지학, 디딤, 금성, 블랙, 교학, 형설, 청문
누가 하늘을 보았다 하는가	신동엽	두산
눈길	고은	문원
님의 침묵	한용운	지학, 천재, 두산, 교학, 민중, 한교, 태성,디딤돌
떠나가는 배	박용철	지학, 한교
머슴 대길이	고은	디딤돌, 천재
먼 후일	김소월	청문
모란이 피기까지는	김영랑	지학, 천재, 금성, 형설
목계 장터	신경림	문원, 한교, 청문
목마와 숙녀	박인환	민중
바다와 나비	김기림	금성, 블랙, 한교, 대한, 형설
바위	유치환	금성, 문원, 중앙, 한교
별 헤는 밤	윤동주	문원, 민중
봄은 간다	김억	한교, 교학
봄은 고양이로다	이장희	블랙

작품	작가	출판사
불놀이	주요한	금성, 형설
빼앗긴 들에도 봄은 오는가	이상화	지학, 천재, 문원, 블랙, 디딤돌, 중앙
산 너머 남촌에는	김동환	천재, 블랙, 민중
산유화	김소월	두산, 민중
살아 있는 것이 있다면	박인환	대한, 교학
살아 있는 날은	이해인	교학
생명의 서	유치환	한교, 대한
샤갈의 마을에 내리는 눈	김춘수	지학, 블랙, 태성
서시	윤동주	디딤돌, 민중
설일	김남조	교학
성묘	고은	교학
성북동 비둘기	김광섭	지학
쉽게 씌어진 시	윤동주	지학, 디딤돌, 중앙
승무	조지훈	지학, 디딤돌, 금성
알 수 없어요	한용운	중앙, 대한
어서 너는 오너라	박두진	디딤돌, 금성, 한교, 교학
오감도	이상	디딤돌, 대한
와사등	김광균	민중
우리가 물이 되어	강은교	지학, 문원, 교학, 형설, 청문, 디딤돌
우리 오빠의 화로	임화	디딤돌, 대한
울음이 타는 가을 강	박재삼	지학, 교학
자수	허영자	교학

작품	작가	출판사
자화상	노천명	민중
절정	이육사	지학, 천재, 금성, 두산, 문원, 블랙, 교학, 태성, 청문, 디딤돌
접동새	김소월	교학, 한교
조그만 사랑 노래	황동규	문원, 중앙
즐거운 편지	황동규	지학, 형설, 청문
진달래꽃	김소월	천재, 태성
청노루	박목월	지학, 문원, 상문
초토의 시 8	구상	지학, 천재, 두산, 상문, 태성
초혼	김소월	디딤돌, 금성, 문원
타는 목마름으로	김지하	디딤돌, 금성, 문원, 민중
풀	김수영	지학, 금성, 민중, 한교, 태성
프란츠 카프카	오규원	천재, 태성
피아노	전봉건	태성
해	박두진	두산, 블랙, 민중, 형설
해에게서 소년에게	최남선	지학, 천재, 금성, 두산, 문원, 민중, 한교, 대한, 형설, 태성, 청문, 디딤돌
향수	정지용	지학, 문원, 블랙, 교학, 한교, 상문, 청문, 디딤돌

〈베스트 논술 한국대표문학〉에 실린 시조와 교과서 대조표

*〈베스트 논술 한국대표문학〉에 실린 시조와 현행 국어 · 문학 18종 교과서의 수록 내용을 비교 · 분석하였다.

작품	작가	출판사
가노라 삼각산아	김상헌	교학, 형설
가마귀 눈비 맞아	백팽년	교학
가마귀 싸우는 골에	정몽주 어머니	교학
강호 사시가	맹사성	디딤돌, 두산, 교학
고산구곡	이이	한교
공명을 즐겨 마라	김삼현	지학
구름이 무심탄 말이	이존오	천재
국화야 너난 어이	이정보	블랙
녹초 청강상에	서익	지학
농암가	이현보	민중
뉘라서 가마귀를	박효관	교학
님 그린 상사몽이	박효관	천재
대추볼 붉은 골에	황희	중앙
도산 십이곡	이황	디딤돌, 블랙, 민중, 형설, 태성
동짓달 기나긴 밤을	황진이	지학, 천재, 금성, 두산, 문원, 교학, 상문, 대한
마음이 어린후니	서경덕	지학, 금성, 블랙, 한교
말없는 청산이요	성혼	지학, 천재
방안에 혔는 촉불	이개	천재, 금성, 교학
백구야 말 물어보자	김천택	지학
백설이 자자진 골에	이색	지학
삭풍은 나무끝에	김종서	중앙, 형설
산촌에 눈이 오니	신흠	지학

작품	작가	출판사
삼동에 베옷 닙고	조식	지학, 형설
산인교 나린 물이	정도전	천재
수양산 바라보며	성삼문	천재, 교학
십년을 경영하여	송순	지학, 금성, 블랙, 중앙, 한교, 상문, 대한, 형설
어리고 성긴 매화	안민영	형설
어부사시사	윤선도	금성, 문원, 민중, 상문, 대한, 형설, 청문
오리의 짧은 다리	김구	청문
오백년 도읍지를	길재	블랙, 청문
오우가	윤선도	형설
이몸이 죽어가서	성삼문	지학, 두산, 민중, 대한, 형설
이시렴 부디 갈다	성종	지학
이화에 월백하고	이조년	디딤돌, 천재, 두산
이화우 흣뿌릴 제	계랑	한교
재너머 성권농 집에	정철	천재, 형설
천만리 머나먼 길에	왕방연	문원, 블랙
청산리 벽계수야	황진이	지학
추강에 밤이 드니	월산대군	천재, 금성, 민중
춘산에 눈녹인 바람	우탁	디딤돌
풍상이 섞어 친 날에	송순	지학, 청문
한손에 막대 잡고	우탁	금성
훈민가	정철	지학, 금성
흥망이 유수하니	원천석	천재, 중앙, 한교, 디딤돌, 대한

〈베스트 논술 한국대표문학〉에 실린 수필과 교과서 대조표

*〈베스트 논술 한국대표문학〉에 실린 수필과 현행 국어·문학 18종 교과서의 수록 내용을 비교·분석하였다.

작품	작가	출판사
가난한 날의 행복	김소운	천재
가람 일기	이병기	지학
구두	계용묵	디딤돌, 문원, 상문, 대한
그믐달	나도향	블랙, 태성
꼴찌에게 보내는 갈채	박완서	태성
나무	이양하	상문
나무의 위의	이양하	문원, 태성
낭객의 신년 만필	신채호	두산, 블랙, 한교
딸깍발이	이희승	지학, 디딤돌, 청문
멋없는 세상 멋있는 사람	김태길	중앙
무궁화	이양하	디딤돌
백설부	김진섭	지학, 천재, 형설, 태성, 청문
생활인의 철학	김진섭	지학, 태성
수필	피천득	지학, 천재, 한교, 태성, 청문
수학이 모르는 지혜	김형석	청문
슬픔에 관하여	유달영	문원, 중앙
웃음설	양주동	교학, 태성
은전 한 닢	피천득	금성, 대한
이야기	피천득	지학, 청문
인생의 묘미	김소운	지학
지조론	조지훈	블랙, 한교
청춘 예찬	민태원	금성, 블랙
특급품	김소운	교학
폭포와 분수	이어령	지학, 블랙
피딴 문답	김소운	디딤돌, 금성, 한교
행복의 메타포	안병욱	교학
헐려 짓는 광화문	설의식	두산

베스트 논술 한국 대표문학 ❾

벙어리 삼룡이

지은이 나도향
펴낸이 류성관
펴낸곳 SR&B(새로본닷컴)
주 소 서울특별시 마포구 망원동 463-2번지
전 화 02)333-5413
팩 스 02)333-5418
등 록 제10-2307호
인 쇄 만리 인쇄사